脱
「三逆リーダー」

間違いなく部下は育ち、
生産性は倍増する

藤田英夫

ダイヤモンド社

序

　あなたの部下の「仕事力」（労働生産性を向上させる力）が、数週間、数カ月にして「一・五倍、二倍、三倍」になったら、あなたの仕事状況はどう変わりますか。あなたの会社はどうなりますか。この国はどんな姿になるでしょうか。

　この本は、それが実現できることを実証し、その実現のしかたを明らかにするものです。

　と申しても、そのような体験のない人にかかったら、テレビのCMではあるまいし絵空事を言うな、と笑い者にされてしまうのが落ちでしょう。

□

「仕事力」が数倍になるということを掘り下げて申しますと、高まると言うよりは、潜在化していた力が「顕在化」してくるということです。そのためには、リーダーが部下に対して、何かを付け足すのではなく、差し引かなければなりません。言わば、足し算ではなく引き算をすることです。

企業の中では、リーダーが部下に、やってはならない三つのことを、善かれとしてしゃかりきになってやっています。なんら躊躇《ためら》うことなくです。それによって部下は、自分に有する力を総動員せずともよくなっているのです。

それをやり続けているリーダーを、私は「三逆リーダー」と呼んでいます。

□

日本企業の総人件費は営業利益の三・四倍（金融保険を除く二〇一六年度平均）、労働生産性はＯＥＣＤ加盟三五カ国中の二〇位（二〇一六年）。なんとも恐ろしい無駄づくり努力、途轍《とてつ》もない逆さま努力が、来る日も来る日も日本中で行われているのです。

□

「三逆リーダー」が世の常となっています。企業の中は、「三逆リーダー」の連鎖組織にどっぷりと嵌《はま》っています。

世の中には優れた経営者がおり、同じく学者やジャーナリストもいます。その人たちが、これほど本質的かつこんなにも素朴な目のまえに横たわる問題に、なぜ思い至らないのか、不思議でなりません。「働き方改革」「人づくり革命」「生産性革命」なる言葉がちゃんちゃらおかしく聞こえます。

私がそこに気づくことができたのは、「組織革新研究会」（後述）があったからです。

藤田英夫

「組織革新研究会」とは

「三逆リーダー」の着想に係わる「組織革新研究会」について、ごく簡略に記しておく。

関連する企業の中では「組革研」と呼ばれているこの研究会は、企業人のための存在である。そのスローガンは「変わる原体験」。

創設は一九七一年。会期は五日間、年に一〇会期が開かれている。今まで（二〇一八年五月）の参加会社は二、二二八社、参加者は五一、四三九人。

設立動機となったものは、かつてのソニー厚木工場における、国内は元より広く欧米にまで知られたマネジメントの大革新である。その巨歩を〝種火〟とし、同時に叩き台として、普遍の「人と組織」変革の途を求めて、小林茂（ソニー常務取締役・当時）と私とで創設した研究会である。

この研究会は、いわゆる研修会やセミナーとは似て非なるものであって、前記スローガンの下、本ものの革新的な「人・仕事関係」[*1]を実体験する場である。

「人・仕事関係」とは、「人と仕事との係わりかた」を指している。一般的には意識化されている概念ではないが、その実体は企業の中に歴然と存在している。

係わりかたには、大別すれば正反対の二種がある。人間が仕事の「主」となっているそれと、人間が仕事の「道具」と化しているそれである。多くの企業の中の言葉は「人を大事に」「人を育てる」だが、それを実現するマネジメントの実体は、完全なまでに後者に陥っている。

「組革研」は、前者を実体験する場である。

脱「三逆リーダー」　目次

この書での用語について

（1）「自分実現」という表現を用いている。慣用語では「自己実現」である。

「自分」と「自己」の違いについての一般的な認識は、完全な同義語ではないが、その違いも明確ではないようだ。「自分実現」としたのは、自己より自分のほうがより「私という存在の総体」を表していると、一般的に認識されているらしいからである。

（2）クォーテーションマーク（〃　〃）を次のように使っている。

普遍の語の中に適切な語が見当らない場合、比喩的に類似語に〃　〃を付して表現している。例えば、組織の〃上〃〃下〃などがそれだ。立場としての上下は有るが、人間としての上下は無いからである。

第1部
「三逆リーダー」の連鎖組織

くり返し申す。

リーダーの九八パーセントは「三逆リーダー」だ。企業内はその連鎖組織となっている。だから、部下たちが全力を出すことはない。これらリーダーたちの下では、仕事の生産性向上は儘《まま》ならない。部下は育たない。

1　無意識下の「人を道具として」

「人を大事に」と言わぬ企業は無い。それは建てまえに留まることなく、経営という事に当たる人たちの理念、意図、さらに本音であろう。

ところがその実態はというと、およそ真逆になっている。人びとをして育てるどころか、その「人間力」[*2]をフリーズさせ、「仕事力」[*3]を抑え込んでしまっているのである。

「人を大事に」には、きわめて対照的な二種があるのだ。「人を人として」[*4]と「人を道具として」[*5]の人間観に拠るそれである。企業人が意識する人間観は前者であろう。だが、その裏側に潜んで無意識下で前者と表裏一体をなしているものは、後者ではないか。

それが、意図とは逆の結果をもたらしてしまっているのである。

「金、人、物」として横一線に

「人を道具として」などというとんでもない人間観が、いったい、いつどこから生じたのだろうか。人間が生産要素として、「金、人、物」として横一線に並べられてしまったところに端を発したのだろう。

生産要素は経営の場で、資源としての、材としての機能を果たす。資源、材である以上、その用途に限りなく都合のよいものが求められる。金であれば調達コストが低く紐付きではない金、物であれば例えば製鉄会社ならば鉄分ばかりの鉄鉱石が欲しい。果ては、資源、材としての機能だけが必要なのであって、あとは余分、というよりも邪魔なものとなる。きわめて当然のことだ。

人間についても同じことになる。

人間丸ごとが必要なのではない。その人間が有している材としての機能が必要なのだ。それ以外のものは不要であり、できることならば無いほうがよい。その結果、それに向いた人間が求められ、よりそうなるように育て上げられていくことになる。

それは、きわめて自然の成り行きである。

しかも、材としての人間に求められる機能は時の都合で移ろう。現代産業の移り変わりは大量生産化の歴史でもあった。このことが、材としての人間の枠組みをさらに限定してきたのだ。大量生産の中では、同じ考えかた、同じ発想、同じ行動が求められる。同じであれば、設計したとおりに一斉に動かす効率が上がるからである。個の意識が低い日本では、それが容易に実現されてきたわけであろう。

嵌り込んだ落とし穴

ということは、経済効率という物差しによって、人間が有する材としての機能のばらつきを無くしていくという、行き着くところ、人間の画一化努力が行われてきたということであった。

それは取りも直さず、それぞれの心や人性の働きが抑えられてきたということである。さらに大胆かつ悲惨な表現をすれば、生産のための材として規格化された人間の〝品質〟づくりが行われてきたということになる。

この国における教育観の常識となっているものを見れば、それは一目瞭然ではないか。

誰かの非人間的な発想によって人びとがこう扱われてきたと言っているので

はない。意識せず、意図せずに、である。それ故に、気づくことのできない人間観だということだ。もしも意図したものであるならば、これほどに蔓延《はびこ》らすことは不可能だったのではないだろうか。

「人を道具として」の人間観は、生産効率の追求という至上命題が流れる中で、我われ人間が嵌《はま》り込んでしまった落とし穴であったのだ。我われの先輩方が、物に飢えていたこの国を豊かにすべく、経済効率の追求にがんばってくれた、そのお蔭で今を生きる我われは物に満ちた日々を送っていられるわけだが、その裏側でいつの間にか、がっちりと根を下ろしてしまった人間観だということである。

その結果としての今日の状態を見ながらも、依然としてそれを生み出しているものの正体に気づかぬまま、真逆をやっていることに気づかぬまま、「改革」なる言葉をよそに、なお一生懸命になって今までを重ねているのが、産業界をはじめとするこの社会ではなかろうか。

2 「管理」の姿に実体化

「人を道具として」の人間観は、企業内の日常の場にどう現れているか。

それは、人びとの材としての機能に着目し、それを追求するが故に、金や物を管理する着想にぴたりと馴染み、その中に溶け込むかのように宿って定着し、「管理」という姿に実体化されているのである。

先に「人間の〝品質〟づくり」と記した。その武器になっているのがこの、人と組織に対する「管理」である。金や物は極限まで管理されなければならない。それと等しく、何のためらいもなく、一人ひとり血の通っている人間に対して、管理が止めどなく行われてきたわけである。

数年まえまでのこの国のこと経済に限って言えば、それによる絶大な寄与については周知のとおりだ。しかしその裏側で、その程度はともかく、「人間力」をフリーズさせ、人間としての「自分」を忘れているかのような多くの人びとを育み出してきてしまったのである。

強烈かつ根深いパワハラ

仕事の中で日々、それに心惹かれたら、意味を感じることができたら、発見があったら、大変だけど全力投球することができたら、人びとに喜ばれたら、我われの毎日はどんなに幸せだろうか、心豊かな人生を綴ることになるだろうか。

これこそが、人びとの「仕事力」即ち、生産性躍進の根源であることは論をまたない。

企業の中には、それがあまりにも少なすぎる。人びとがすっぽりと管理されてしまっているからだ。

「管理」とは、金や物をはじめとする人間以外を扱う原理である。管理が不充分だと、その対象[*6]にはロスが生じてしまう。つまり、人間以外は管理すればするほどよいわけだ。

この場合、主体はどこにあるか。その一〇〇パーセントが管理する側に属する。対象である管理される側にはゼロだ。その着想を、人間に対して横滑りさせてしまったのだ。

したがって管理の下では、人びとに主体性をあれやこれやといくら求めても、それは無理な〝注文〟だということになる。そうしているうちに、人びとの「人間力」はフリーズの度合をますます強めていく。

今日的に言えば、これこそがまさに、強烈かつ極大の「パワーハラスメント」ではないか。管理されて苦にならない「ロボット症[*7]」の重症者に対するのを除いては……。

人間の「管理」に属性するものはいくつかあるだろう。その中からここに、二つの特質を記しておく。

権力を背にして斜交いに

その一は、人びとを動かす力を、帰するところ権力を拠りどころにしていることである。人びとに対するに、人間として真正面から向き合うのではなく、権力を背にして斜交《はすか》いに向き合っていくのだ。

権力を否定しているのではない。権力は組織の土台がごときわめて大事なものだ。だが、たえず意識しているべきものではない。日常の家中で土台の存在を思わないのと同じだ。にもかかわらず管理の下では、それがたえずちらついているのだ。見え隠れしているのである。

管理思考の風土においては、権力の外に、それ以上に人を動かしうる強力なものがあることを知ろうとはしない。人間の人間たる人性を見詰めることなく、材としての機能を注視する余りにであろうか。

人が動くのに作用する外力には、三つがあるのだ。社会的距離[*8]の近い「状況」、同じく「人間」、そして「権力」である。前二者による他力としての強さは、権力のそれに勝る。

権力に依存して人びとを動かしていく行きかたは、何をもたらすことになるか。

たしかに人は、権力によって動く。だが、その心は動かない。それでは仕事は儘《まま》ならない。そこで、権力の作用を和らげる策を求めることになる。企業はそれを、入れ替わり立ち替わり導入してきた。がその結果は、いっ時の効果を除けば元の木阿弥《もくあみ》、けっきょくは不毛に帰している。この賽の河原をどれほどくり返してきたことか。今も続けられている。

だめ人間への途へと

その二は、管理側の思いどおりに対象を動かしていこうとするが故に、管理側が目するロスを人びとから取り払っていこうとすることである。

それは、過保護と同類項になって現れる。その最大のものが、苦を避けて楽を与えてやろうとするものである。人をして、何よりもその感情におもねって、と言うと語弊があるならば尊重して、当事者が困ったり、悩んだりすること、つまり人びとが嫌がることを確定的に否とし、心地好い、楽状態においておくことを是とするものだ。

換言すれば、人びとを材として大事にするが故に、その機能を発揮させるのに障害となるものを取り払うことに思いを砕き、材が問題にぶつからないように、そこにロスが生じないように、人びとの「人間力」に先回りして介入していくものである。

それは、その対象、そうされる側に何をもたらすことになるか。

人びとは、知らず識らずだめ人間への途へと歩んでいくことになっていく。

仕事の場での人間にとって大事なものには、二つがある。一つは報酬であろう。それに勝るとも劣らないもう一つがあるのだ。「自分実現」だ。それこそが、人生の質を決してしまうからである。

人びとが仕事に向き合って生活していくのは、今で言えば、一般的には二〇歳前後から六〇歳台である。言わば人間の充実期、それもその毎日の大部分でだ。これからのＡＩ時代を睨んでも、多くの人がかなりの時間を仕事と向き合っていくであろう。

我われ人間は、「やる気」を持っている、同時にその裏側で「やらないで済ます気」を持っている。そして、仕事と向き合う中でこの両者が綱引きをやっている。多くの人は多くの場合、この綱引きにおいて前者は後者に負けてしまう。それではだめだとわかっていながらついついに。私もその一人だ。

楽状態におかれていたら、このいかにも「人間らしさ」、と言いたいところだがそれでは語弊がすぎるので〝人間くささ〟と言うことにする、それはどうなっていくか。後者に始終する方向に傾いていくことになりはしないか。だとすると、人生の成り立ちにとって大事なものを取り外してしまうことになってしまうではないか。

我われ人間は、「やる」ことによって初めて、問題にぶつかって悩み、苦しみ、それと闘ってなんとか乗り越えて喜び、あるいは失敗、挫折して悔し涙し、また再起していくという過程の中で、生きている実感を味わい、「自分実現」を実現していくのであろう。

「ロボット症」の蔓延

管理が「人びとの『人間力』をフリーズさせ、人間としての『自分』を忘れているかのような多くの人びとを生み出してきてしまった」と先に記した。この項の終わりに、その典型的な症状を紹介しておこう。

人びとのロボット症候群、略して「ロボット症」[*7]がそれである。この五文字は米国の社会病理学者・ルイス・ヤブロンスキー氏のものだが、今日のこの社会の一般的な人びとの状態を括って表すのに、私はこの言葉を借りている。

「ロボット症」とは、人びとが人間らしさを失って「ロボットらしく」なっているということだ。

人間とは？などと言い出したら、とても私の手には負えない。ところがその有り様、少なくとも動きのレベルでのそれを、明解に示してくれる恰好の比較対象が存在するのだ。ロボットがそれである。

ロボット、と言っても今までのそれはどうあるか。

まず夢を持たない。問題を背負うこともなければ、したがって悩むこともない。困っているロボットなど見たことがない。問題意識もなければ疑問も持たない。やる気もなければサボる気もない。自発的に動くことはなく、他力を加えないと動かない。力を加えてさえいれば、それが作用する範囲内でいつまでも動く。指示・命令どおり完璧に動く。間違いなど起こさない、と言うよりも起こせない。頭でわかっていることだけをやり、わかっていないことは何一つやらない。状況が変わってもそれには反応しない。

人間、と言っても本来の人間はどうあるか。

まず、夢を持たずにはいられない。問題を背負って悩みは果てない。困っていること日々のごとし。問題意識もあれば頭の中は疑問でいっぱいだ。やる気もあればサボる気もある。他力によって動くとは限らず、けれども自発的に動く。指示・命令どおり完璧に動くのは難しい。間違いを起こす。頭でわかっていないことでも、やらざるをえなくなればやる。状況が変われば即それに反応していく。

即ち、人間とロボットでは正反対の属性を持っているのであって、ロボットの反対を思い浮かべれば、人性や人間の有り様が自ずとわかってくるというわけだ。

この両者の違いを煎じ詰めて一言にしてしまえば、心の働きの有りや否やということになる。つまり、人間には「自分」があるのに対して、ロボットにはそれは無い。したがってロボットは、外力を加えられ続けないと、即ち、教えられ続け、説明され続け、指示され続け、世話され続けないと動かない、いや動けないということである。

「ロボット症」とは、人びとが心で感じて動くのではなく、頭だけでわかって動くようになってきている、ということである。人びとが、己の心の働きに基づく力、即ち「人間力」という内力をフリーズさせ、外力によって、その作用が及ぶ範囲内で画一的に動くという存在になりつつある、ということである。

今日、このような人びとのなんと多いことか。

他力におんぶに抱っこ

閃きや感性を要する創造的な能力においては人間の独壇場だが、外力の作用によって定められたとおり画一的に動くという能力においては、人間はロボットの足元にも及ばない。

「組革研」に集う人たちの平均年齢は四三歳。私は毎月、この人たちと数日間を共にする。ということは、平均四三歳の人たちのあるがままの変遷を、五〇年近くにわたって期せずして定点観測してきたことになる。ここで私が見てきたものをずばり言えば、まさに「ロボット症」進行の歴史であった。その程度は、年を追うごとに目に見えて著しさを増している。

ほとんどの人たちは、「組革研」の中で自分のそれに気づいていくことになるのだが、当初は「ロボット症」を顕にしている。教えられないと、説明されないと、指示されないと、世話をやかれないと、動かない、いや動けない。それどころか、そうされないことに不満を抱くのだ。

まさに、外力におんぶに抱っこである。

ここに集う人たちの多くは、家庭に帰れば親であり、企業内では部下を抱えている。社会的な影響力大のこの人たちにしてこの状態。広くこの社会全体としては、「ロボット症」の蔓延を見ることになる。

それは、ほんの軽度の人から限りなくロボットに近づきつつある人まで、その個人差はまことに大きい。だが、これに無縁な人は今やかなり少ないのではなかろうか。「一億総ロボット症」だと言わざるをえない。そう言う私もその一人かもと、自らに虞《おそれ》をなさずにはいられない。

□

「金、人、物」と横一線に並べられてはいるが、人間だけは別も別、他とは対極の存在だ。人材には違いないが、それに対するマネジメントは、材観から脱出しなければならない。

その中軸となるのが、リーダーの人間観と有り様である。

3 〝上〟は〝下〟の運命を握っている

〝上〟がどうあるかは人類の最大課題、それも一、二を争うほどのものだと思う。〝下〟は上の有り様によって一変されてしまうからである。

ということは、下の状態は下の問題ではなく上の問題だということだ。子どもたちが示す現象は親の、そして少しだけ教師の、企業内の人びとが示している現象はリーダーの、その有り様の反映だということになる。下は上の有り様が投影される鏡でもあるわけだ。

即、〝上〟は〝下〟の運命を握っているのである。

この著は、企業内のリーダーに対するものだが、私の思いのうちは親と教師のそれから離れることはない。

その企業内リーダーの有り様に、私は強い危機感を覚えているのである。それは、「仕事満足」と「部下満足」のために存在するリーダーが、姑息、邪道な「自分満足」の存在に陥ってしまっていることである。

□

マネジメントは、理念／リーダー／制度・仕組み・方法という三部面から成り立っている。

理念については先に少しく記した。

私はよく、後の二つを織物に例える。織物はタテ糸とヨコ糸から成る。マネジメントも、リーダーという縦糸と制度・仕組み・方法という横糸の織なしから成っている。縦横それぞれの比重、それは、織物の場合は50／50であろうが、マネジメントの場合は、リーダーという縦糸が80、制度・仕組み・方法という横糸は20というところだろうか。これは企業規模によっても変わってくるであろうが。

制度・仕組み・方法は、リーダーがそれに寄り掛かれば管理の機能を発揮し、リーダーが主体になってそれらに命を吹き込めればマネジメントツールの機能を発揮しうる。

ということは、マネジメントはリーダーの有り様によってどうにでもなる、ということである。

4　姑息、邪道な「自分満足」／「三逆」の核心

「人を道具として」は実態であって、意識されざる、意図されざる、「それ故に気づくことのできない人間観である。もしも意図されたものならば、これほどまでに蔓延らせることは不可能だったのではなかろうか」と先に記した。

この人間観を管理を通じて色濃く実体化させているのが、ここで言う「三逆リーダー」である。

多くの企業の中は「三逆リーダー」の連鎖組織に陥ってしまっている、と私は再び直言する。

「三逆リーダー」のオンパレード

そう言える根拠の典型は、「組革研」に集う企業人リーダーの実態にある。

「三逆リーダー」図

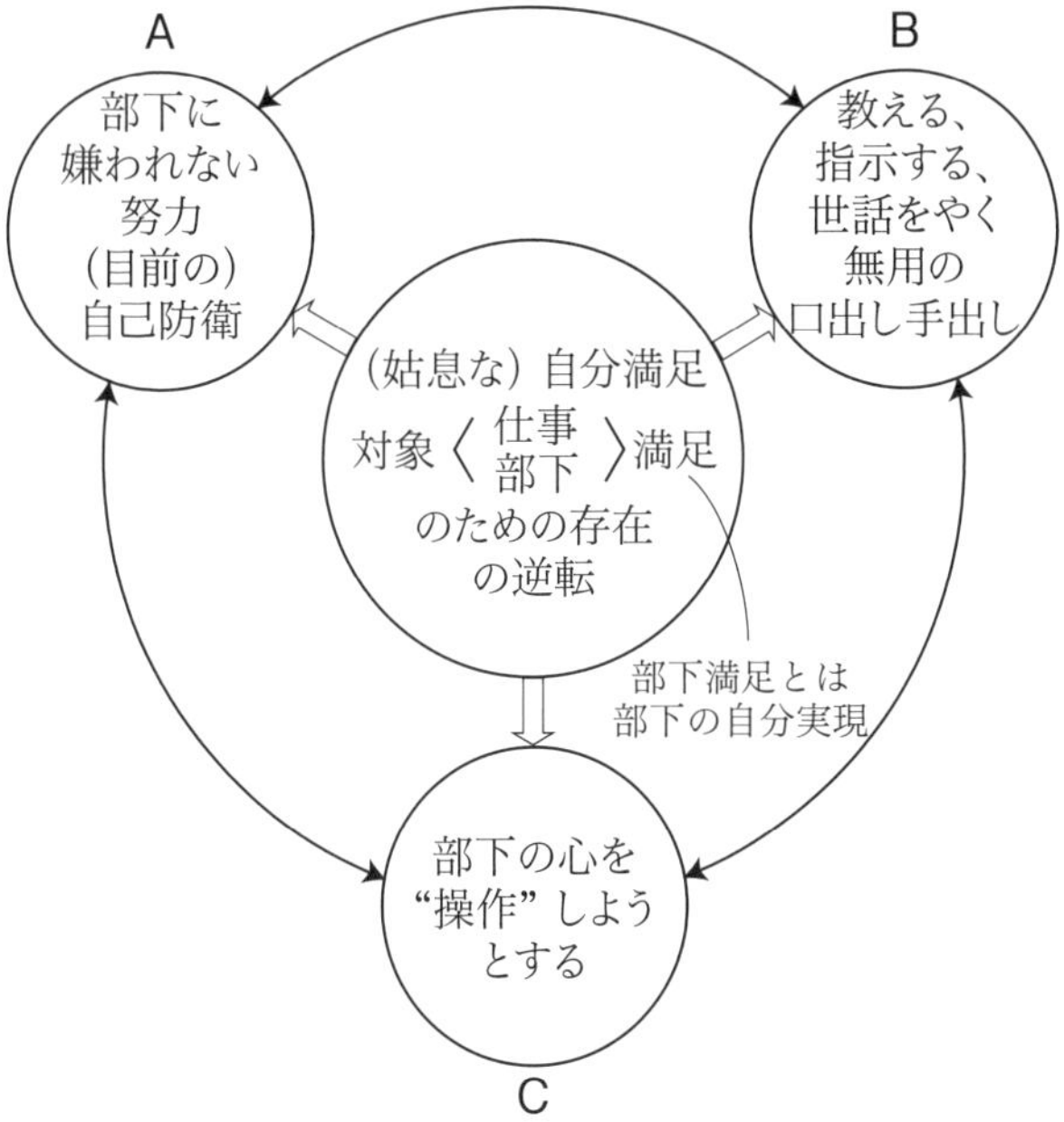

「組革研」は組織で仕事をする場である。そこにチームリーダー[*9]として参加する企業内リーダーが、人間として部下に真正面から向き合うことなく、みんな「三逆」へと逃げ込んでいくのである。そのオンパレードだ。企業内にあってはトップからグループリーダーに至る人たちだが、「三

逆リーダー」でない人は二パーセントにも充たない。

「三逆」が無意識下の常道となって、その体質が髄にまで染み込んでいるらしいのだ。

前ページに「三逆リーダー」を図解した。

仕事とは「対象」を満足させることにある。リーダーの対象は「仕事」と「部下」である。その両者を満足させることがリーダーの使命だ。「仕事満足」とは、真面《まとも》な仕事を通じて業績を上げていくこと。「部下満足」とは、仕事を通じての「自分実現」を指している。[*6]

リーダーの「自分満足」が大いなるそれであるならば、それこそがリーダーの存在理由だ。大いなるとは、仕事満足と部下満足を成し遂げたことによるものを指している。「三逆リーダー」のそれは、ちっぽけな、姑息な、邪道とでも言うべき、刹那《せつな》的な自分満足に終わっているのである。

それは、「三逆リーダー」図ABC三つの側面となって現れている。

5「嫌われたくない努力」の凄まじさ

リーダーの最大の任務、それは部下に仕事を自力で「やらせきる」ことにある。道具としてではない。「人として」だ。

「やらせきる」など、どこ吹く風

部下に仕事を「やっていただく」などと言うリーダーがいる。「やらせる」なる言を善しとせずとなると、なるほど適切な表現が見当たらず、やっていただくになるのかとも思うのだが、本音のところでは、管理の作用を恐れてのことだろう。部下を道具としていることへの後ろめたさ、あるいは隠れ蓑がなせる表現ではないか。そんな言葉を聞くと、「給料払っているんでしょ」と言いたくなってくる。

仕事はやっていただくものではない。やるもの、やらねばならないものである。

「(部下たちが)納得すればやらせるようにします」というのもある。それが民主的だというわけだ。この人たちに私は言う。「納得できることは今までにわかっていることだけだ。それでは何のチャレンジにならないではないか。あなたは何のためにそのポジションにいるのか。部下が納得することだけをやっていたのでは、部下並みだ。部下が何と言おうと、やらなければならぬことを部下にやらせきるのがリーダーであろう」と。

元より、我われ人間の日々の中には、納得できずともやらざるをえないことはいくらでもある。

ついでに記すと、よく目に留まるのが部下に「媚びる」である。媚びるとは、人が目のまえの浅いところで求めている易きに応えることだ。ニーズを満たすとは、その人が深いところで求めているもの、場合によっては本人さえ意識していないほどのものに応えていくことだろう。

その反対に、本当に部下を叱るということが消えてしまったようだ。部下が嫌がりそうなことは、言うべきことも言わない、追求もしない、問題にもしない、いわんや叱らない。叱ることは非人間的などと言って逃げている人さえいる。

このようなリーダーの有り様は、日々顔を合わせる部下とぶつかり合うことを避けて、人材としてうまーく操縦していくことに憑かれていることから発しているのであろう。摩擦や衝突のない人間と人間の繋がりなんてありえないのに。それではまるでロボット組織か蟻組織ではないか。

さて「三逆リーダー」図。

まず呆れ果ててしまうのは、Aの「部下に嫌われない努力」の凄まじさである。その場その場での自己防衛らしき振る舞い、尋常ではない。

部下に仕事を、有らん限りの自力で「やらせきる」などどこ吹く風、それどころか、人間として部下と真正面から向き合うことから逃げるのだ。何はさておき部下に嫌われない努力、即、目前の自己防衛に思いを集中し、その残りの力で、その〝余白〟の範囲内で部下を動かしていこうとするわけである。

それががっちりと体質化してしまっているのだろう、したがって無意識下で自動的にこうなってしまうらしいのだ。

「やる気」と「やらないで済ます気」の綱引き

先に記した人性の一部にもう一度ふり返る。

我われ人間は二つの「気」を持って日々を生きている。「やる気」と「やらないで済ます気」だ。個々人の中でこの二つの気が綱引きをやっている。そして多くの場合、後者が勝ってしまう。それではだめだとわかってはいながら、ついついそうなってしまうのが、我われ人間に普遍の姿ではないだろうか。

かつての修身の教科書に出てくる二宮尊徳のように「やる気」が勝ち続ける

人は人間に非ず、立派ではあるが、〝人間くささ〟が無いことでは異常だ。我ながらそう思わざるをえない。

だからと言って、やらないで済ませてばかりいたらどうなるか。仕事どころか、自分の人生もだめになってしまう。みんながそうなったら、社会も成立しえない。

そこで重要になってくるのが、人びとに迫るものの存在、やらないで済ませていくわけにはいかないんだと、それは許されないんだと、一人ひとりが感じる、受け止めざるをえない「外力」の存在である。

我われ人間は、やらないでは済まされない状況におかれれば、必ずやる。

これこそが「応援」だ

この「外力」、即ちこれこそが、人びとの二つの「気」の綱引きにおける「やる気」への「応援」なのである。

その外力の源泉には二つがある。一つは問題だらけの生々しい「状況」、もう一つはリーダーという「人間」だ。

どんなに指示・命令しても、梃子でも動かない男がいるとしよう。その男も、その場が火事にでもなれば必ず動く。問題だらけの生々しい状況が迫ってきて、動かないで済ませていることができなくなってきたからだ。

そう、問題だらけの生々しい状況は、人びとの「やる気」への応援にとっては願ってもない宝なのだ。

だが仕事側からすれば、問題だらけの状況など少ないほどよい。だいいち仕事とは、問題を無くしていくことでもある。

そこで、リーダーによる部下の「やる気」への「応援」が無上の存在になってくるのである。

リーダーは、部下の「やらないで済ませる気」という易き流れに、人間として真正面から向き合っていく。それによって部下は、楽とは反対の状況におかれる。そこで部下は、それを嫌って逃げようとする。そのための理くつはいくらでも見つかる。だが、逃げていたのでは、仕事も人生もだめになってしまう。リーダーはけっしてそれを許さない。それこそが「応援」なのだ。

「組革研」にチームリーダーとして参加する企業内リーダーに私が求める最大のもの、それは「嫌われない努力から脱け出て、人間として部下と真正面から向き合う」だが、それこそが「やる気」への「応援」なのである。

ところがこれが、企業内リーダーには如何《どう》にもできないのだ。

次の四ページにわたるグラフは、それを示すものである（「組革研」二〇一八年四月会期の中から特色的な四人のチームリーダーのそれを選んだ）。

各ページの二つのグラフは、上がチームリーダー本人による自己評価、下はチームリーダーに対する上長であるブロックリーダーによるその評価である。

上のグラフの点線は、これからの意志を示している。もちろん私は、折れ線が最上に届くことを求め続けている。

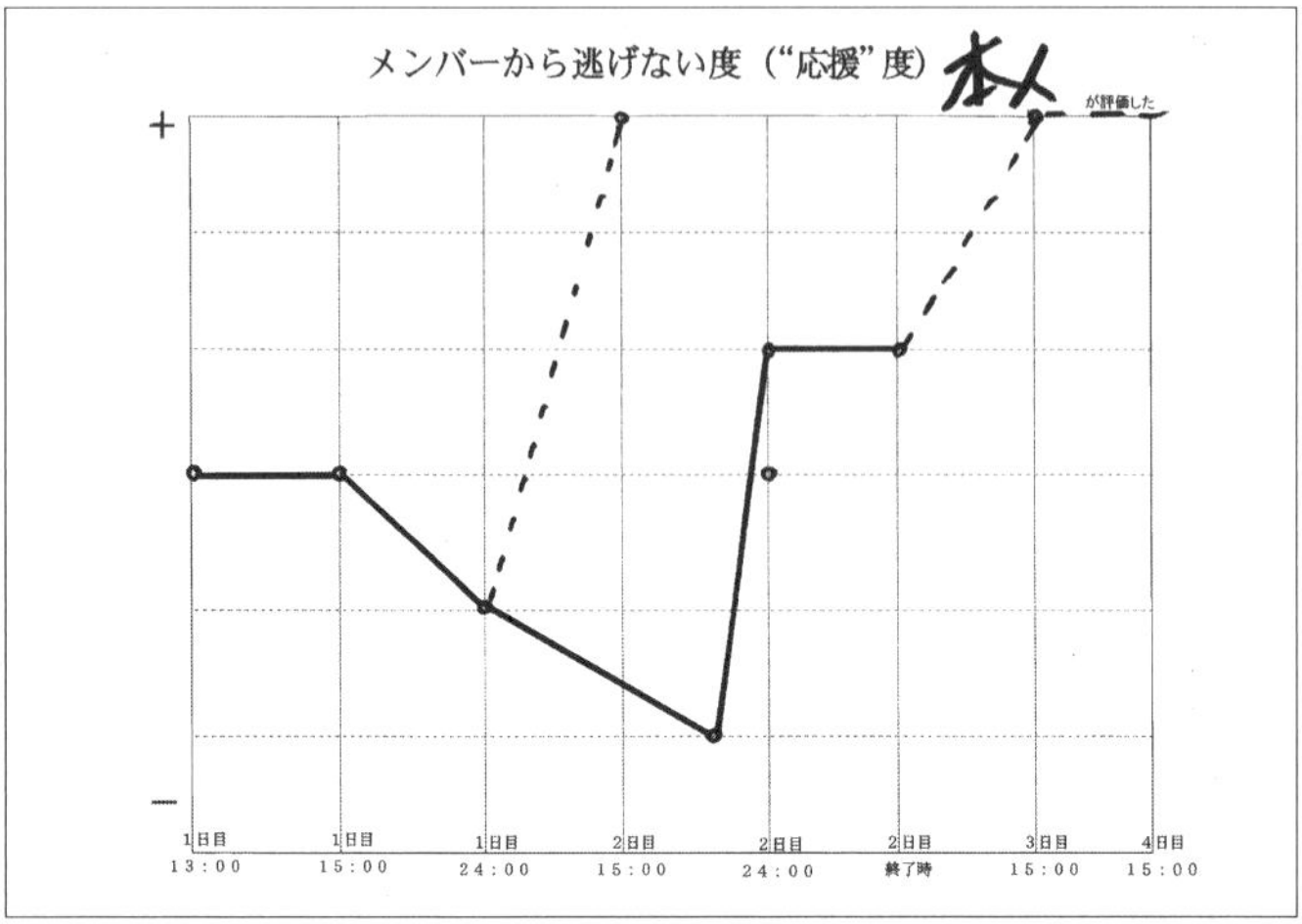
メンバーから逃げない度（"応援"度）本人が評価した
＋
－
1日目 13:00
1日目 15:00
1日目 24:00
2日目 15:00
2日目 24:00
2日目 終了時
3日目 15:00
4日目 15:00

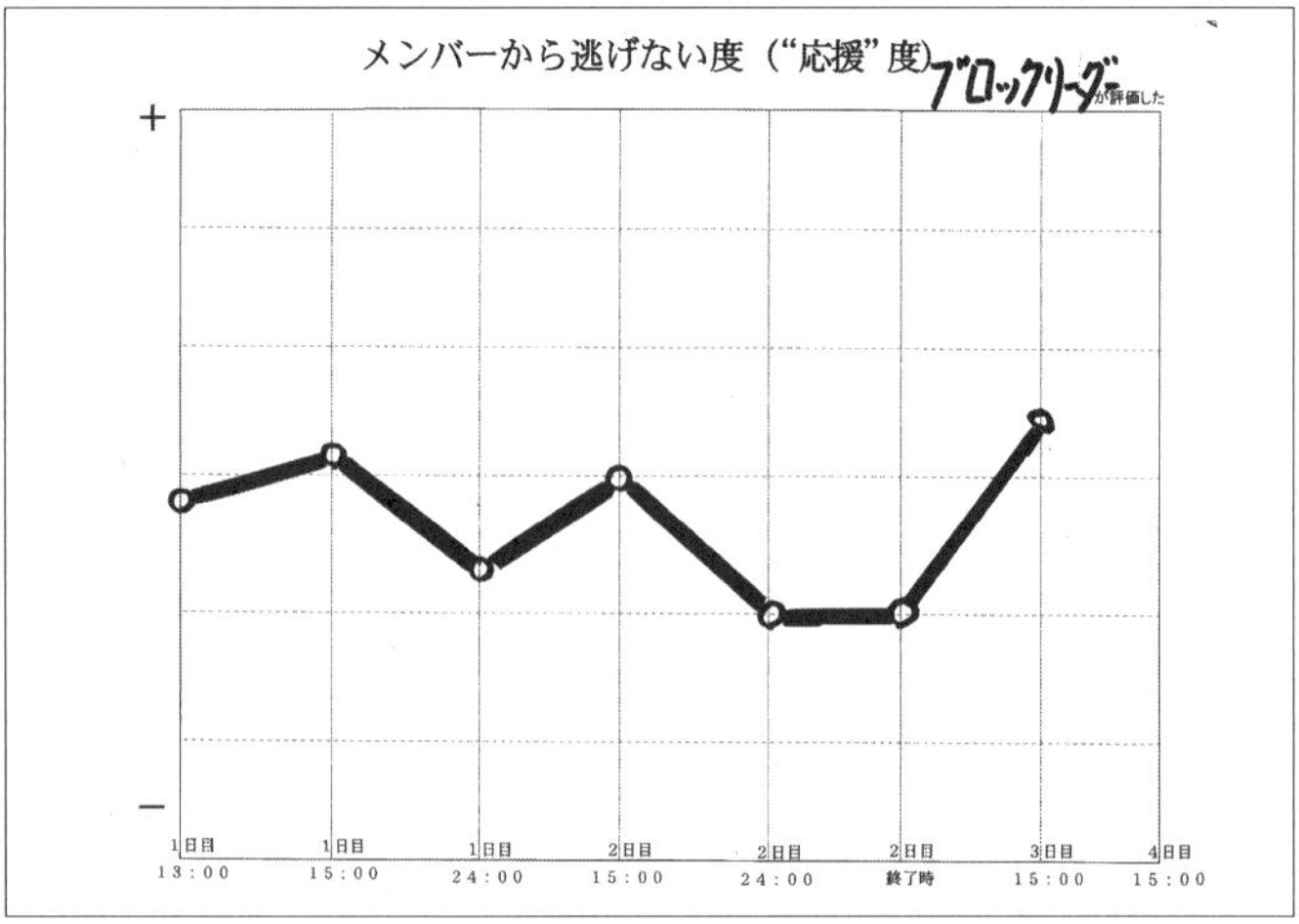
メンバーから逃げない度（"応援"度）ブロックリーダーが評価した
＋
－
1日目 13:00
1日目 15:00
1日目 24:00
2日目 15:00
2日目 24:00
2日目 終了時
3日目 15:00
4日目 15:00

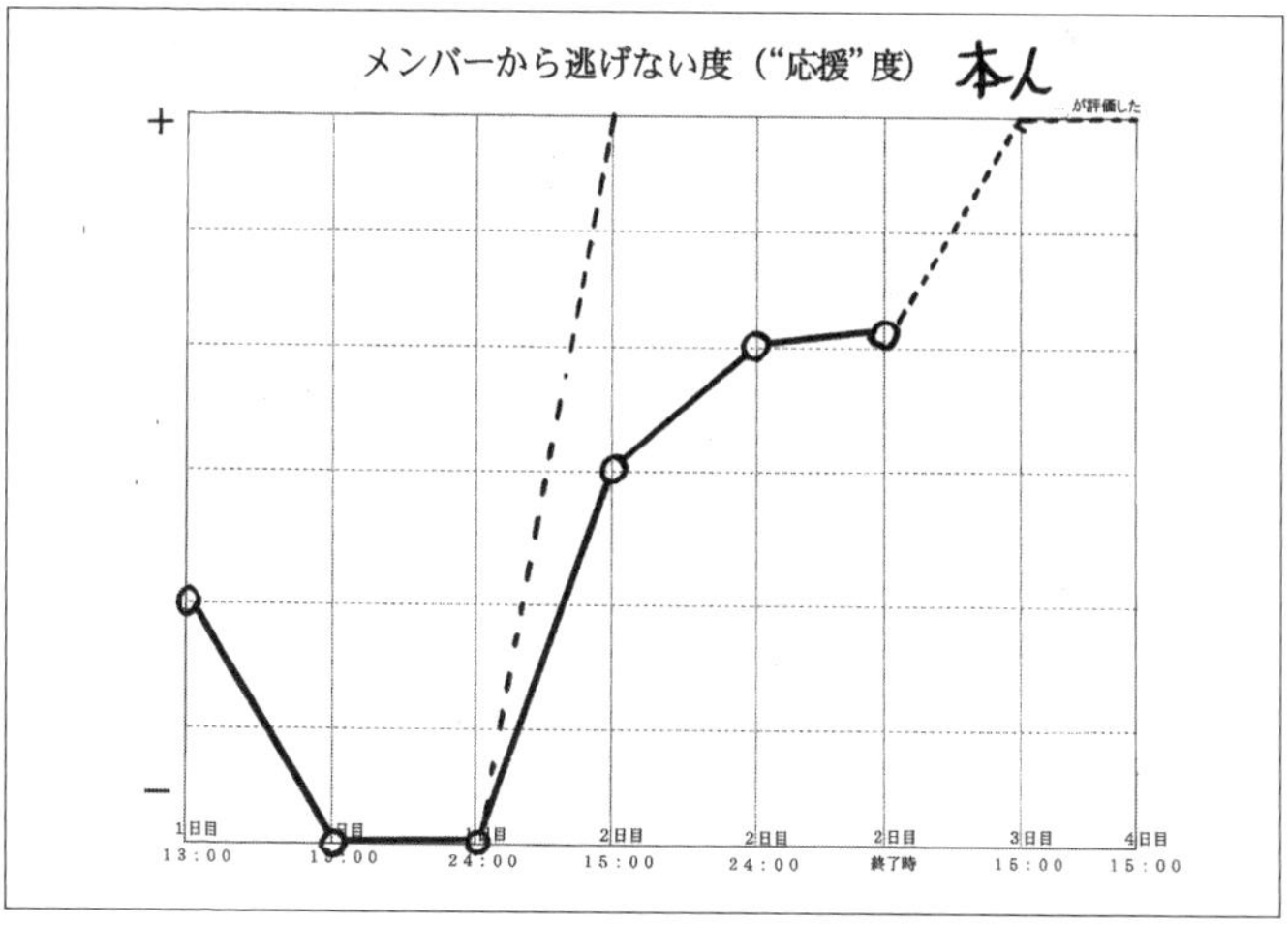
メンバーから逃げない度（“応援”度）本人
が評価した
+
−
1日目 13:00
1日目 15:00
1日目 24:00
2日目 15:00
2日目 24:00
2日目 終了時
3日目 15:00
4日目 15:00

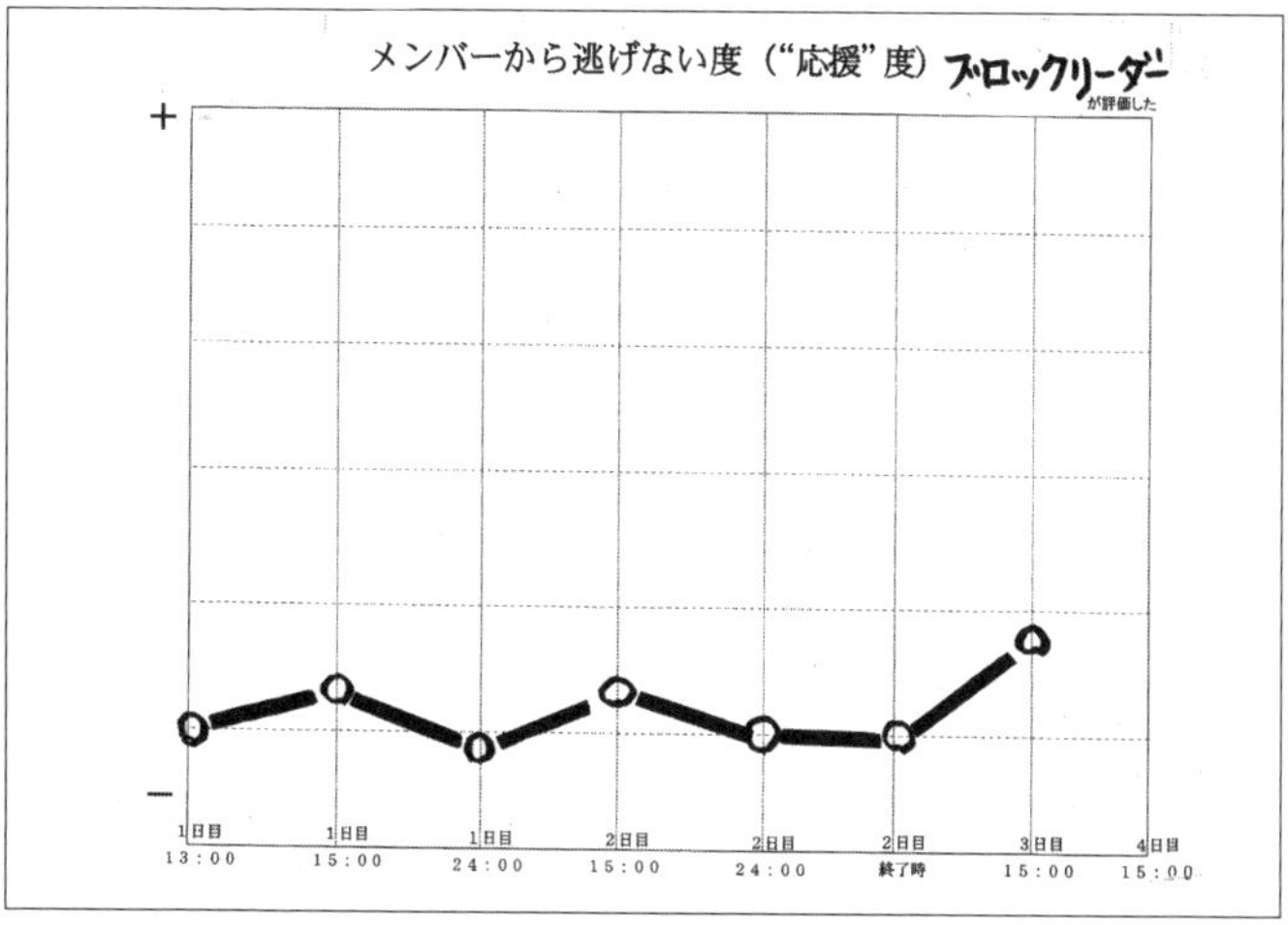
メンバーから逃げない度（“応援”度）ブロックリーダー
が評価した
+
−
1日目 13:00
1日目 15:00
1日目 24:00
2日目 15:00
2日目 24:00
2日目 終了時
3日目 15:00
4日目 15:00

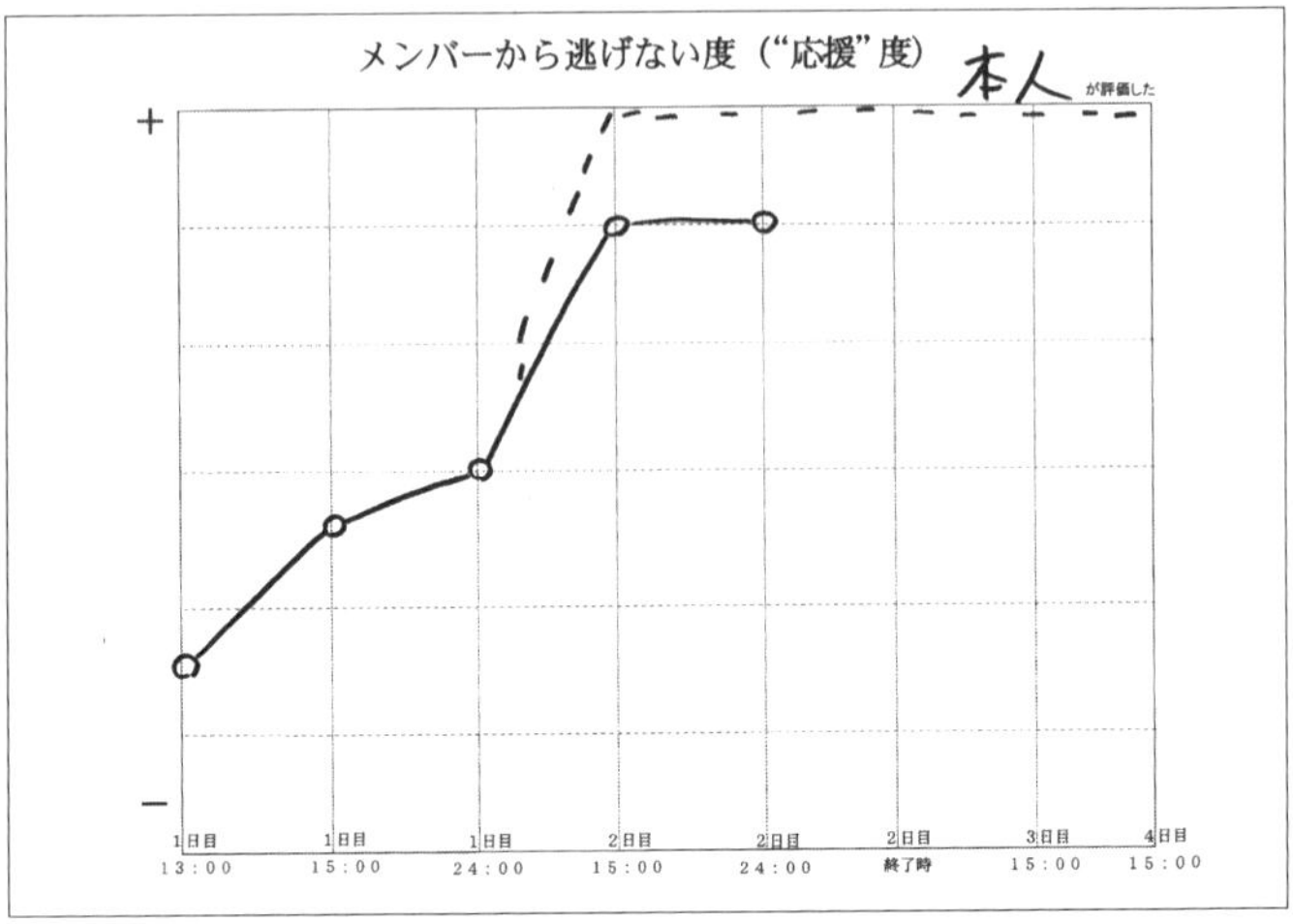
メンバーから逃げない度（"応援"度）
本人
が評価した
+
−
1日目
13：00
1日目
15：00
1日目
24：00
2日目
15：00
2日目
24：00
2日目
終了時
3日目
15：00
4日目
15：00

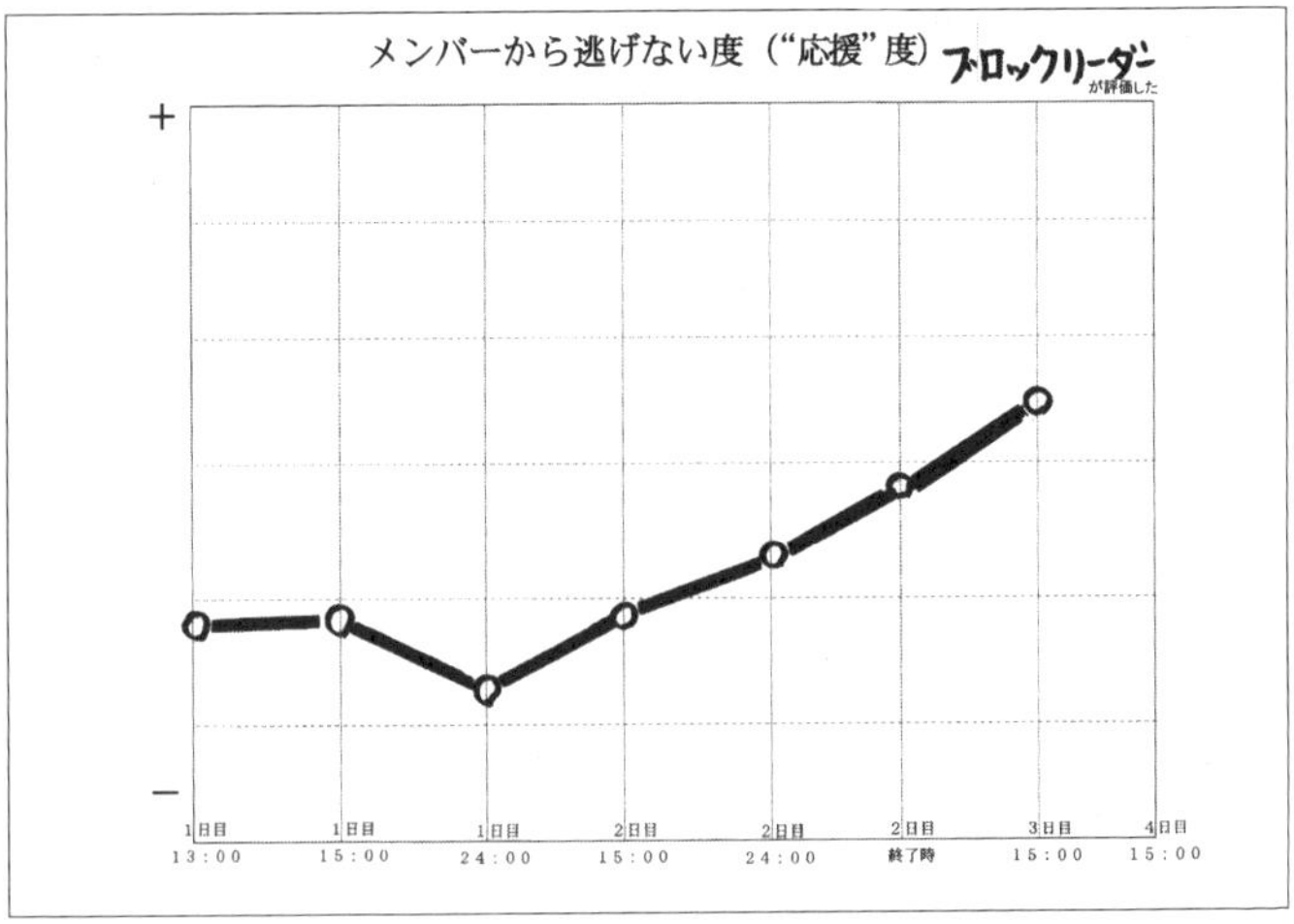
メンバーから逃げない度（"応援"度）
ブロックリーダー
が評価した
+
−
1日目
13：00
1日目
15：00
1日目
24：00
2日目
15：00
2日目
24：00
2日目
終了時
3日目
15：00
4日目
15：00

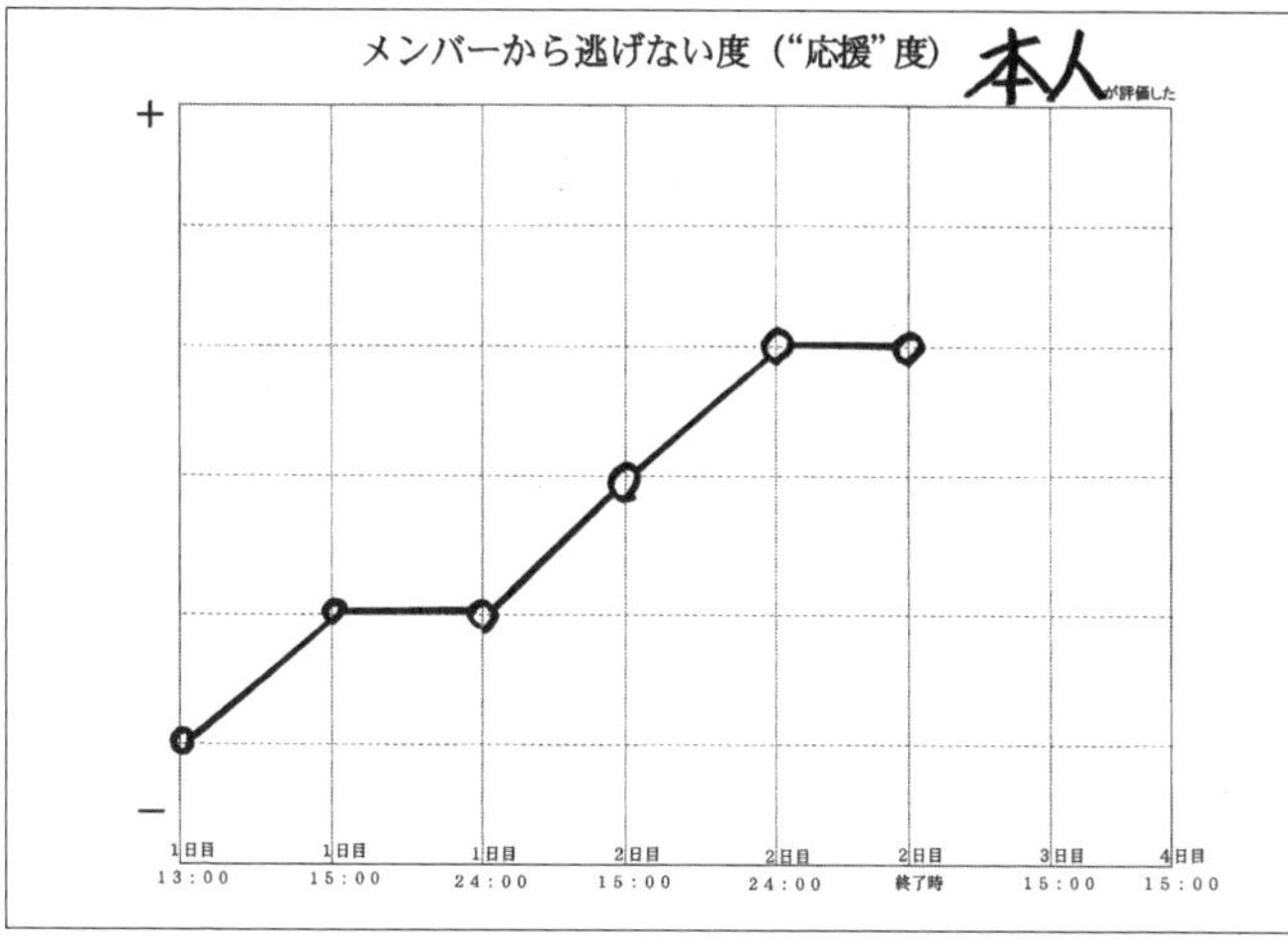
メンバーから逃げない度（“応援”度）
本人が評価した
＋
－
1日目 13:00
1日目 15:00
1日目 24:00
2日目 15:00
2日目 24:00
2日目 終了時
3日目 15:00
4日目 15:00

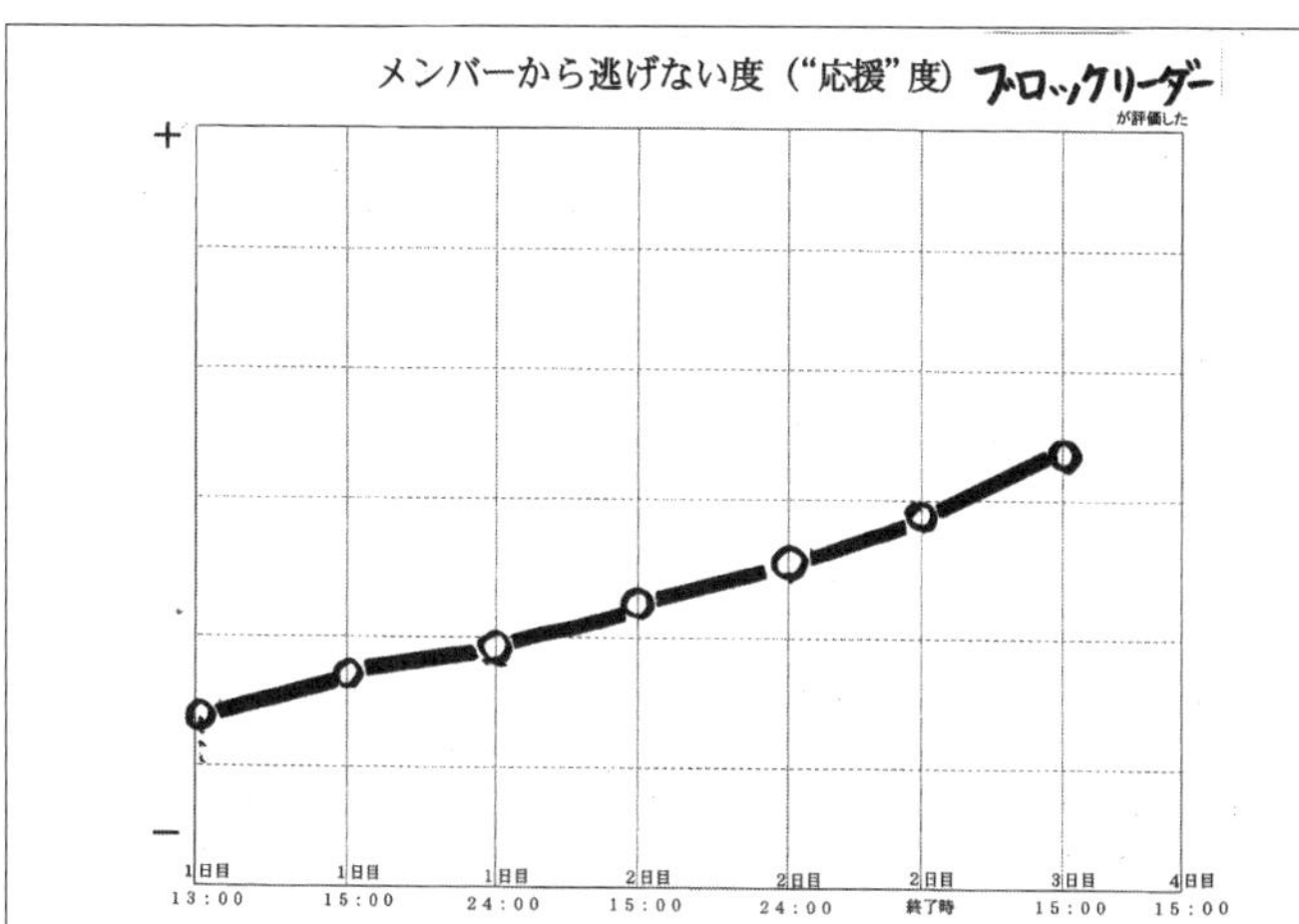
メンバーから逃げない度（“応援”度）
ブロックリーダーが評価した
＋
－
1日目 13:00
1日目 15:00
1日目 24:00
2日目 15:00
2日目 24:00
2日目 終了時
3日目 15:00
4日目 15:00

いずれもが知的レベルの高い人たちだ。このような理くつはよく理解する。けれどそうはできない。嫌われたくないという、自己防衛らしき意識から脱け出せないらしく、部下と真正面から向き合うことから逃げようとするのである。不充分ながらそうできる頃には五日間も終えかけている。

「本田サウンド」の誕生

部下に嫌われない努力、自己防衛努力をしないリーダーなど居るのかと、訝《いぶか》しむ人がいるかもしれない。そこで、その典型らしきわかりやすい例をいくつか紹介しておこう。

まずは私が敬愛する二人のリーダーの一こま。お一人は本田宗一郎氏（本田技研工業創業者）である。

（部下が）いいかげんなことをしていると、もう堪らないんだなぁ。カーッとなっちゃって、ばかやろうってわけで、僕は怒るときは本当に頭にきて手が出ちゃうんだよ。

とは、マスコミのインタビューを受けての言である。

私が怒鳴ってばかりの間に、こんなにみんな立派になっちゃった。怒鳴りがいがあったなぁという感じです。

とは、「HONDA三十五周年イベント」においての言である。[*10]

権限を与えて徹底的に追い込む。檄をとばす。鉄拳をくらわす。それでいて従業員からは「オヤジ」と呼ばれて慕われていた。

と役員の一人は言う。[*11]

F1レースで初優勝した車のエンジン音を「本田サウンド」と名付けたのは、その開発に悪戦苦闘した入社三年くらいの若ものたちであった。この一件だけからも、本田さんが部下たちにいかに慕われていたかを察して余りある。

続いてのお一人はスティーブ・ジョブズ氏（アップル創業者）である。

米国本社で働いていた松井博さん（45）は二〇〇三年、参加した開発チームが「ｉＰｏｄミニ」の試作品を見せた時のことが忘れられない。（ジョブズ氏は）少しいじったあと、完成度の低さに激怒し、壁に投げつけた。

震え上がったチームは血眼になり、無休で働いた。翌年市場に出た製品は、松井さんの予想をはるかに超えた大ヒットとなった。恐怖は畏怖に変わったと振り返る。

ジョブズ氏は、一〇〇回近くも製品を作り直させたことがあったという。[*12]

念のために記しておく。この二例の中には、たまたま鉄拳だの無休だの、今日ではけっして許されないものが出てきた。そんなものを推奨しているのではない。リーダーという人間の思いを受け止めてほしいのだ。

そのようなものの否定を兼ねて、わかりやすい二例を続けておく。

「お蔭様です」

異色の分野からお一人、田村平治《たむらへいじ》氏（「日本料理つきぢ田村」創業者）を紹介したい。料理人として著名であるだけではなく、多くの弟子を育てた教育者としても知られる人である。田村氏の葬儀において、弟子の一人・田中恒雄《たなかつねお》氏（「京・嵐山錦」主人）が読んだ弔辞[*13]から。

だんなさん、こんなことがございましたね。

「明日、お客様にお出しする黒豆を作れ」と言われ、初めて灰汁戻しで黒豆を作りました。翌日の昼、「田中君、黒豆持って来て」と言われ、容器ごとお渡ししました。

そのふたを開けるなり、「田中君、わしは料理を四十七年間やっているが、こんな皺《しわ》の寄った豆を見たのは初めてや。君は大阪で何してたんや。君のいた店はこんな仕事してたんか」と繰り返し言われたのです。

多勢の同僚の前でしたので、恥ずかしいやら悲しいやら、穴があったら逃げ込みたい思いでした。

その後、夜までの休憩時間、失敗した黒豆を前に、じーっと見つめながら考えました。ここまで言われたのだから、荷物をまとめて帰ろうかと真剣に覚悟を決めました。しかし、皺の寄った黒豆を何とかしなければ笑い者になってしまうと思い、手順のどこが悪いか、最初から頭の中で思い返しているうちに、反対にやってはと思いつき早速やってみたのです。

何と成功したのです。皺が伸びたのでした。

だんなさん、覚えていらっしゃいますか。夜のお客様の時、「皺の寄った豆持って来い」と言われ、「ハイッ」とお出ししたところ、こうおっしゃいましたね。「わしは四十七年間料理やってるが、皺の寄った豆、皺が戻ったの初めてや」。

お蔭様です。

〝悪〟と向き合って

最後に、おこがましくも私自身の体験である。

「組革研」に付設する「チームワーク学校（子どもたちの「組革研」）」でのことである。

ここの生徒は小学三年生から中学生まで、その組織は八人のチームをベースに構成されている。各チームのリーダーには、企業人である「組革研」のOBが当たっている。

ある会期に、中学生チームのリーダーを買って出た人がいた。日本を代表する巨大企業の教育課長の職にある人であった。仮にK氏と呼んでおく。地域社会の少年野球チームの監督をしているので中学生の扱いには自信があると言う。他のリーダーたちは小学生チームを好むので、渡りに舟とばかりに即決となった。

さて当日、子どもたちが集まってきた。見渡すと、一八〇センチを超えるであろう、いがぐり頭がひときわ目立つ図体のがっちりしたのがいる。見るからに、世間で言うところの悪《ワル》の風体。どこに行くにもまともには歩かず、キックボクシングよろしく、道端の生垣を蹴り上げるかのように歩いている。

困ったのが来たなと内心思いつつ、とにもかくにもやって来たのだから、本人もきっと何かを求めているに違いないとの希望的推測を交えつつ、事の成り行きを見守るよりほかはなかった。

静岡県・中川根の林の中でのテント・キャンパスである。自分たちのテントは自分たちで張る。

夕刻、いがぐり頭が何やらプラカードを担いで歩き回っている。見ると、Kリーダーを晒《さら》し首にするかのように嘲笑う絵と文字。「あいつに別荘作ってやった」とか口走っている。何かと思ったら、Kリーダーのテントをとんでもない所に隔離したのだと言う。

野球チームの監督と違って、ここには、〝下〟に権力を感じさせるような道具立ては、何一つない。〝上〟は丸腰である。

そこでKリーダーは、ひたすら煽《おだ》て戦術に始終していたらしい。だがそれは、いっ時はともかく、中学生たちに作用することなく、けっきょくは、いがぐり頭を中心とする中学生たちの動きに流されるままになっているよりほかはなかったようだ。

どうしたものかと、私にとっては考えあぐねるだけの一日が過ぎていった。翌日、ある種の情報を頼りに五キロくらいを歩くある行事の始まりである。彼だけは動かないだろうとの私の予想は見事に外れて、彼は出かけて行った。そしてゴールに帰って来たときである。

私は彼に、「お帰り」と言いながら握手の手を伸ばした。一瞬ためらいを見せた彼は、すぐに私の手をぎゅうーっと掴んできた。満身の力を込めてであろう顔をしかめて。そして手を離して私に背を向けた。

次の瞬間、私は彼を呼び止め、再び手を出した。釣られるかのように彼の手が伸びてきた。今度は私の番だ。ヨット（ディンギー）をやっていたせいか、握力には自信があった。力任せに握り返した。血相もそれに同調していたかもしれない。彼の体がへたりかけたのが見えた。

その夜であった。真っ暗闇の林の中を歩いていると、後を付けられているような気配が漂う。思い返せば『座頭市』の心地ということになるのだが、そのときは心穏やかではなかった。来たな！　私がふり返るのと彼の「校長！」が同時であった。「何だ！」と私。

予想外の彼の言葉に、また驚かされた。「ここの校長はおもしろいなぁ」と言うのである。彼は私を受け止めたようだ。ほっとした瞬間であった。

それからの小一時間、林の中での彼との立ったままの会話が続いた。学校の校長や教師のこと、両親のこと。彼が吐露するものは、私には身につまされるものばかりであった。

やがて彼の話はKリーダーへと移っていった。「あいつはばかだよう、さっきさ、おむすびに洗剤、がばがばぶっかけてやったら、あのばか、食っちゃいやがんの」。

Ｋリーダーはいがぐり頭から、洗剤漬けのにぎり飯を食べるかチームから立ち去るかの、二者択一に追い込まれていたのであった。

Ｋ氏は有能な人である。だが、いがぐり頭を中心とする中学生たちの話からは、彼らと真正面から向き合う姿は見えなかった。権力を持ち合わせる野球チーム監督の体質をもって彼らを動かしていこうとしていたのであろう。

いがぐり少年を取り巻く周囲、親、学校の教師たちも、彼と人間として真正面から向き合うことから逃げているのではないか、そう思えてならなかった。

6「教えたがる、指示したがる」の凄まじさ

「嫌われたくない努力」に負けず劣らず凄まじいのが、「三逆リーダー」図Ｂの「教える、説明する、指示する、世話をやく」という、「無用」の口出し手

出しである。

そうされる側のニーズではなく、する側のニーズで先回りして行われるものである。この先回りによって、そうされる側にそのニーズが顕在化してくるのを埋もれさせてしまうのだ。

リーダーとして位置づけられたとたんにこれが始まる。それがリーダーの役割だと思い込んでいるのであろう。これまた、無意識下の常道となって、組織体質にがっちりと根を下ろしているらしい。

口出し手出しの八〇パーセントは無用

教える、説明する、指示する、世話をやく、はゼロがよいと言っているのではない。有用、無用の意識がないらしく、放っておくと無用のそれの連発になってしまうのだ。まるで、それが自動化されているがごときである。

二歳児がナイフでエンピツを削ると仮定しよう。親がエンピツとカッターナイフを与えただけで放っておいたらどうなるか。削れないどころか危ない。親は手を子どもの手に添えて削ることになる。この場合は有用な口出し手出しだ。では、同じ子どもが絵を描くのに親が手を添えたらどうなるか。あるいは、小学生がエンピツを削るのに親が二歳児に対してと同じようにやったらどうなるか。無用の口出し手出しということになる。

こんな些細な例からも、「無用」の口出し手出しが、人びとの主体性を邪魔し、「人間力」への介入になることは明らかであろう。

それにしても、有用か無用かくらいは、誰もが考えるのではないかと思われるに違いない。だが、とんでもないと言わざるをえない。呆れるばかりだ。

企業人リーダーたちの口出し手出しの八〇パーセントは、おそらく無用のものではなかろうか。このような無用は、「組革研」ではきわめて赤裸々に指摘されるのだが、時としてリーダー解任までされるのだが、それで懲りてもまたすぐくり返す。

「黙っているのは苦しい」

そうなってしまうのには、四つのことがあると思われる。

その一は、その意識さえない人が大部分だということ。ほとんどの人は、傍から言われて初めて自分のそれに気づくのだ。「口出し手出しロボット」だと言わざるをえない。

その二は、たとえ考えたとしても、部下の動きの上辺に現れている力だけを見て、口出し手出しをしてしまうこと。部下に潜んでいるであろう「人間力」に目を注ぐことがないらしいのだ。眼中人無しである。

その三は、それが「人を大事に」、あるいは親切だと思っているらしいこと。

この種の意識は世間にいくらでも見られる。テレビの天気予報などがいい例だ。「気温が何度になりますからコートは薄手のものを着てお出かけください」、「……折りたたみ傘を……」、「雪が降るから早めに家を出て……」等々、全チャンネルがこれだ。それでも気が済まないのか、最近のNHKなどは写真付きだ。幼児向き番組ならばそれがよいのだが。

その四は、それは人間の欲望らしいということ。自分がわかっていると思っていること、こうしなければと考えていることを口出し手出ししないことは、苦痛であり、努力を要することのようだ。

樋口廣太郎《ひぐちひろたろう》氏（アサヒビール会長・当時）は、「口を出さないで黙っているのは苦しい。エネルギーがいる」と言って、会長になってからは執務室を本社から離したそうだ。

私はよく、藤沢周平や池波正太郎のドラマなどの録画を晩酌の供にする。二年も経てばその内容を忘れているので、ローテーションよろしく同じものを何回も見ることになる。傍らの妻はその筋書きを覚えているらしく、先々を私に教える。とたんに私はつまらなくなってしまう。そのつど文句を言うのだが、またくり返される。どうしても教えたいらしいのだ。

ガムテープで口を塞いだ製造部長

「組革研」では企業内のそれらがよく映し出される。

チームリーダーとして参加して来る企業人リーダーの人たちは、以前に「組革研」を体験しているので、無用の口出し手出しはだめだということを、頭では重々わかっている。だが、体に染み込んでいるものは別ものだ。その初期は、まさに無用の口出し手出しの連発。企業内にあっては優秀な、しかも選ばれた人たちだから、注意すればすぐわかる。しかしそれは三〇分ともたない。すぐまた始まる。

隠れてそれをやる人などは数知れない。隣りのチームに出かけてそれをやる人までいた。誰もが知るであろう大企業の事業部長である。自らガムテープを口に貼り付けて口出しを抑えた人もいた。この人も大企業の製造部長である。いずれもが人柄はとてもいい人だ。

注意を一度されただけで無用が治まった人は、私の記憶には無い。

この人たちに対して、私の口ぐせになってしまった言葉がある。「あなたのメンバーはそんなことを自分で考えることができないと、あなたは思うのか」、「自分がこうやられたら、あなたはどう感じるか」。返事は判を押したように、「できると思います」、「いやです」である。

人びとの動きの変化が非常に速い「組革研」では、リーダーの変化によるメンバーの動きの変化は、手に取るように見える。無用の口出し手出しを止めると、二、三時間のうちにチームの中には主体的な動きが芽生えてくる。

口出し手出しがこれほどまで凄まじくなってしまうのは、世上は元より企業内においても、リーダー、親分、先生の区別がついてないからであろう。リーダーはマネジメントする人なのである。マネジメントの概念さえ歴としていないのかもしれないが。

さらに、部下は、教えるとそのとおりわかり、説明するとそう思い、指示するとそう動き、世話をやくとうまくいく、と思い込んでいるのではないか。けっしてそうはならないのに、それどころか逆の結果さえ生み出してしまうのに、である。

無用の口出し手出しは、「教える」「説明する」「指示する」「世話をやく」の四つの形で現れる。

この四つが、人びとの「人間力」にいかなる否定的なものをもたらすか。

「発見」過程を取りあげる

「教える」こと、答を与えるについてである。

これには、四つの「人間力」への否定的な作用がある。他から教えられるのと自分で発見するのでは、人びとに反対の作用をもたらすのだ。

一つは、人びとから「発見」するチャンス、発見への思考プロセスを取りあげることになってしまうこと。教えられてしまったことは永久に発見できないし、それについて考えることもできにくくなるからだ。

一つは、「教えることは強制することとほとんど同じだ」ということ。これは日渡惺朗《ひわたしせいろう》氏（山陽特殊製鋼社長・当時）の言だが、教えられたほうは、その答しか知らないのだから、そう思うより他にないわけだ。

一つは、思考プロセスを取りあげた結果として、答待ち人間に育ててしまうこと。この社会の大部分の人が既にこうなっていると断言せざるをえない。

一つは、教えるほうのニーズによって教えられたものは、人びとの中で「知識抗体[*14]」と化してしまうこと。

「感じる」を取りあげる

「説明」するについてである。

「教える」と同類項にあり、したがって、それによる否定的なものは教えると同じだが、二つほど付け加える。

一つは、そのことを自分で「感じる」チャンスを取りあげることになってしまうこと。説明されて知ってしまったことを改めて自分で感じることはできにくいからだ。現実に出会っても、それに対する説明されたものを持っていると、そこから感じるものが限られてしまうのだ。

世界の各都市で美術館巡りをしていて、妙なことに気づきました。名作と言われる芸術作品を見ても、いっこうに感動しないことです。（中略）これが本物なのかという、なにか感動とは程遠い気持ちしかわいてきませんでした。

そこで、どうしてなのか自分なりに考えてみて、一つの仮説に思い当りました。それは「知り過ぎている」からではないかということです。

現に、これらの名作は学校の教科書にも載っていたし、（後略）

とは、大新聞からの引用[*15]である。

私もこれとまさしく同じ体験をいく度もくり返し、そのつど後味の悪さを残している。我われ人間の心は、自分で感じたもので動くのだ。他から聞かされた言葉はその妨げでしかない。

一つは、説明によって人びとに伝わるものは、その一部でしかないこと。人びとの心に染み入るものは、その言葉ではなく、言葉にはなりにくい「何か」であることのほうが多い。それなのに、説明による一部がそれよりも大事な何かを覆い隠してしまうことになる。

「指示待ち」の量産

「指示」することについてである。

指示するとは、一言にして斬り捨てれば、人びとの主体性を奪うことだ。指示によって人びとを動かすことが、指示待ちを量産しているのである。

指示待ちはけっして人性ではない。つくられたものだ。そのように育てられたものだ。幼児の動きを見れば一目瞭然、彼、彼女らが、誰かの指示を待っているだろうか。次から次へと自分で動いて親のほうが振り回されるではないか。それが幼稚園に通い出すと、少しずつだが様子が変わってくる。そして成人式を迎える頃には指示待ちとして完成されている。

リーダーから指示されると、部下はそう動かざるをえない。この場合、事の主体は部下には無く、したがって彼から出てくる力は「道具力」[*16]であり、動く範囲はその外力が作用するところまでに限られる。動きが不十分な場合には指示の追加がなされる。

これを続けていくとどうなるか。前にも指示されて動いたのだから今度も指示によって動く、ということになる。つまり指示されるまで待つ。そこでリーダーはまた指示する。リーダーも部下も、このような悪循環に嵌《はま》っていく。指示待ち訓練そのものだ。

だからと言って、急に指示を止めたらどうなるか。止めただけでは放任という結果を来すだけに終わる。最初から指示待ちで入社してくる新人またしかり。

ヘルパーの本務はヘルプしないこと

「世話をやく」についてである。

これに忠実《まめ》なリーダーが、企業の中では部下の面倒見がいいと言って評価され、〝下〟から、とりわけ中高年の女性たちからは「上が良くしてくれる」と言って喜ばれる。

だが、これによる「人間力」への否定的な作用には大なるものがある。人びとの自立の邪魔をし、依存症をつくり出すほうへと作用することだ。

世話とは、その人自身ではできないことに力を貸してやることだ。にもかかわらずこの社会では、その人自身ががんばればできることに力を貸して助けてしまう。まさしく、人びとへの過保護、過干渉そのものだ。

しかもとんでもないことに、それを親切だと思い込んでいる人がほとんどのようだ。姑息、邪道な自分満足もほどほどにせいと言いたい。

私の身内の主婦の一言に、いたく同感したのを思い出す。「ヘルパーの本務はいかにヘルプしないかだ」と言うのである。介護ヘルパーの資格を取るための講座で教わった話だそうだ。

ヘルパーの使命は、その対象がたとえ一寸でも自立の方へと向かうようにすることにある。少なくとも現状以上の介護を要しないようにすることだ。リハビリテーションもそのためのものであろう。ところがヘルプがその逆、その妨げの作用をもたらしてしまうことになる。ヘルプされればされるほど、要介護者にとっては楽だ。ヘルプするほうも、どこまでやればよいかなど煩わしいことを考える必要もない。こうして、ヘルプの需給バランスが成立してしまう。ここに、ますますの要ヘルプという悪循環が生じる。

厚生労働省がよくぞここに気づいたものだと、これには拍手を送りたい。別な要請からの着想かもしれぬが。

世話をやくことが主体性の邪魔をする程度は、子どもよりも大人に対する場合のほうが大きいようだ。子どもの場合はまだ「人間力」が活性しているので、過保護、過干渉に対しては抵抗する。ところが大人ともなると、ずるさも手伝ってか、これ幸いに受け容れて楽なほうへと流れていく。

したがって、世話やきが組織体質となっているところでは、依存症の集団発生が起きてくる。「組革研」では世話やきリーダーを「幼稚園の先生」と呼んで諌《いさ》めているのだが、これまたこのような企業人が後を絶たない。

世話をやくとは「すすんで他人の為に尽力する」ことと辞書にはあり、なるほどそう見えなくもないし、本人もその気分かもしれない。ところがこの人たちをよく見ていると、真意のところではこれが逆転しているらしきが見えてくる。自分が好かれたいか、人びとの心を操作しようとしているかの、帰するところ姑息、邪道な自分満足のためらしいのだ。

誰もが知る世界的経営者・ジャック・ウェルチ氏（GE・CEO・当時）が語るところの「偽りの親切」は、この辺のことを指しているのであろう。

「有用無用」は対象状況が決める

リーダーによる「無用」の四つの口出し手出しについてくどくど記してきたのは、企業の中のリーダーが部下に対してやっていることは、これのオンパレードだからである。

このようなリーダーの下の部下の「人・仕事関係[*1]」においては、人びとの「人間力」発揮の余地はきわめて限られてくる。

動物の親は、子がある程度に育つと餌を与えないという。「動物力」を引き出すためにであろう。この辺では人間の大人は動物以下だ。

この四つの有用か無用かを分けるものは何か。対象状況[*6]がそれである。

リーダーの対象は、「仕事」と「部下」である。仕事という表現を目標とか課題と言ってもよい。その両方の状況の相関の中に、有用か無用かの鍵が存在しているのだ。仕事のほうで言えばその大きさや難易度……等々。部下のほうで言えばその時々のパワー。

部下のパワーを見計らうとき、着意したいことがある。それはパワーを少し大きめに見ることだ。私はよく「親が子どもの服を買うときの感じで」と言っている。親は子どもに今ぴたりの服は買わない。すぐ着られなくなるであろうことを予期して。さりとて大人の服は買わない。それでは身動きが取れないから。

そして事の主体は、それが有用である限り部下のものとなり、無用であればリーダーのものになってしまう。

7 部下の心を「〝操作〟しようとする」

自分にとって都合のよいように人を動かしたいがために、その対象たる人間の心を〝操作〟しようとする。これは人性であろう。異性間は元より、上下間にも典型的な現象だ。

だがこれが作為に過ぎると、無に帰するどころか逆の効果を生んでしまう。人の心は、作為の外力によって如何《いかん》ともなるものではないからである。それを示すのが「三逆リーダー」図Cの「部下の心を〝操作〟しようとする」である。

「偽人間関係」

人びとの心を外から〝操作〟していこうとするアプローチにはいろいろあるだろうが、その典型の一つは、パフォーマンスとしての「褒める」である。

褒めかたのセミナーまであると聞く。それらを制度化している企業もある。いい大人が幼稚園ではあるまいしいやはやと思っていたら、社団法人による「ほめ達」なる検定試験があって、その活動が盛んであることを知った。

人をあえて褒めようとする作為、意図と言うべきかもしれない、その正体は何か。褒める側の価値観あるいは期待に人びとをして誘導しようとするものではないのか。煽《おだ》てると同類項のもの、人を思うように動かしていこうというものであろう。

「組革研」でもよく見かける風景である。煽てられて悪い気がしないらしき大の大人を見かける。そうするほうもされるほうも、その薄っぺらさたるや、傍から見ているほうが恥かしくなってくる。

まさしく「偽人間関係」の出現である。

褒められないと不安になってくるのか、なぜ褒めてくれないのかと求められたことさえあった。家庭には子ども、職場では部下を持っている男からである。山本五十六《やまもといそろく》氏（海軍元帥・当時）の「……　ホメテヤラネバ　人ハ動カジ」を持ち出し、それに対してどう考えるのかと詰め寄られたこともあった。察するに、褒めるパフォーマンスを制度化している企業の人たちであろう。

私も人を褒めることはある。意図してそうするのではなく、感心してそのような言葉が口を突いて出てしまうときだ。しかし、パフォーマンスでそれをやることは、ゼロとは言えないかもしれないが、大嫌いだ。人の心を外から〝操作〟してはならない、褒められることによって動くような弱い人間をつくってはならない、褒められたことによって出てくる力などたかが知れている、それに、そんなものはいずれ見破られるに違いない、などの理由からだ。

褒めるパフォーマンスで本当に人を動かしうるのは、人間の場合はせいぜい小学生まででではないか。あとはペット向きと心得たい。

評価は大事だ。だがここで言うところの褒めることとは無縁である。念のため。

人はその魂胆に心を閉ざす

何が人びとの心を動かしうるかは、マネジメントの領域において、永きにわたって最大関心事となってきたテーマである。それがわかれば人材の管理がうまくいくと思われたからだ。

人びとの心に作用するものとして、賃金をはじめとする諸々の処遇に注目した時代があった。しかしそれらは、不満足要因たりえても満足要因にはなりえない、ということはとうに明らかにされている。

それらを指して「衛生要因」(hygiene factor)と表現したのは、フレデリック・ハーズバーグ氏(ウェスタン・リザーブ大学教授・当時)であった。衛生要因とは、やや乱暴に意訳すればこういうことだ。人が無菌室に住んだところで健康増進にはならないが、細菌だらけのところに住めば健康を害する。つまり、良くしてもプラスには作用しないが悪くするとマイナスには作用するということである。

人びとの心は、金では買えない。他の処遇によってもまたしかり。それらは、人びとに刺激的な作用をもたらしうるが、けっきょくは一時的なものに終わり、行き着くところ、心を動かすには至らないのだ。

ここ三、四〇年の間に、人びとを〝操作〟しようとする多くのやりかたが登場しては消えていった。今でも活用されているものもあるが、それらの多くには、役立たないという烙印が押されかけているに違いない。

果ては、人びとの心を外から〝操作〟しようとする努力の総ては、失敗に終わってきたのである。逆効果をもたらしてしまうのだ。これからも同様であろう。いかなる〇〇学を応用してもだ。

なぜかと言えば、我われ人間は、己の心を外から動かそうとするその魂胆を見透かし、それに心を閉ざして反作用していくからである。

〝下〟は〝上〟を見透かしている

我われ人間は、人の顔は言うに及ばず、その後ろ姿を見ただけでも、今日のあの人は何か寂しそうだなぁなどと、その心中まで瞬時に察してしまうことがあるではないか。

隠されるほどによけいに見えてくるものさえある。

この種の眼力は、年齢や知力に関係なく備わっているものだ。それどころか、この点に関する天与の力は、弱い立場の人間により強く与えているようだ。「新生児は生後二、三日で両親が使う母語を他の音と聞き分けている」[*17]という。誰かが教えたわけではなかろうに。

〝下〟から〝上〟は素通し硝子がごとく見える。〝上〟から〝下〟は曇り硝子がごとくよくは見えない。偽ものは、〝下〟によって必ず見破られてしまうのだ。

学生とか生徒たちは、本ものかどうかを見透かします。自分の沽券にかかわると思って叱っているのか、私を思って叱っているのかがわかるみたい。

とは、六〇年にわたって教壇に立ち続けた渡辺和子《わたなべかずこ》氏（ノートルダム清心学園理事長・当時）の言[*18]である。

こんなことを理解することなど容易ではないか。自分自身がそうされた場合を考えてみれば、すぐにわかることだ。にもかかわらず多くの企業では、こんな逆さま努力に、いったいどれほどの人と金を費やしてきたであろうか。今なおこれを続けている企業もあるが。

「信無くば立たず」。自分の存在のためのリーダーに、部下は信を立てることができようか。

□

リーダーの対象は「仕事」と「部下」だ。「三逆リーダー」から脱却しての肝心要は、その対象がどう変わったかである。

それを明らかにするのが、第2部である。

第2部
脱「三逆」を始めてみたら……。

1　第2部の総説

第2部は、二編から構成されている。

前編は2と3——「組革研」を体験し、「脱『三逆リーダー』の途に就いた経緯とその成果」である。発表を会社から認められたお二人に登場してもらった。

後編は4と5——「組革研」を体験し、「脱『三逆リーダー』の一歩を踏み出したことによる部下の変化」の一部を示すものである。4は、「組革研」参加者二〇人に対するそのワンポイントの電話インタビューであり、5は、同じく七三三人に対するメールによるアンケート調査の結果である。

この第2部の内容を読み取るについて、ここに補記しておかねばならないことが二つある。

一つは、2、3、4、5、のいずれもが、脱却への挑戦を始めたばかりのものであって、脱却のレベルが未だ不充分であること、さらに「三逆リーダー」図ABCの一部に停《とど》まっていることである。

私が「脱『三逆リーダー』」をアピールし始めてからは日が浅い。その最初は「組革研」第五〇〇回会期を記念する二〇一六年一一月のことであった。故に、「組革研」体験者にとっては、これまでのリーダー体質と葛藤しつつの脱却努力である。

一つは、リーダーの対象である部下たちもまた、今まで、即ち「三逆リーダー」の下で動いていくことががっちりと体質化している生身の人間であって、おいそれと変わることはできにくいということである。

そのターニングポイントは、いずれどこかで訪れるだろう。が、「人と組織」の変革は、今までの成り立ちとの闘いであって、今日のこの国の企業の中では、同化の時間を急がないほうがよいと思う。

2 「三逆リーダー」ほど恐ろしいものはない

リコー 機能材料開発センターグループリーダー
朝比奈大輔

昔からの「教えたがり」屋

「三逆リーダー」の一つとして「教える、指示する、世話をやく」というものがありますが、かつての私はまさにこれでした。人の知らないことを自分は知っているという優越感もあってか、とにかく教えることが気持ちよかったのです。うるさいであろうほどの教えたがり屋でした。昔からのことなので、生まれ持った性分のような気もします。

ですから、「三逆リーダー」の概念を聞かされたときは、まるで自分自身が否定されたような気分になったものです。

教えるという行為は、教える側にとって役立つものでもあります。

人から教わった知識は、最初は借りものにすぎません。自分のものになっておりません。ところがその知識を、人に教えようとすると、その知識を能動的に解釈せざるをえなくなり、アウトプットする必要に迫られることになります。その過程で知識を体感し、より理解が深まって、最終的に自分のものにすることができる。私は、こんな方法で自分自身のスキルを高めてきたような気がします。

しかしこれは、教えられる側のニーズを無視した、教え側のニーズを充たす行為であって、リーダー的立場にある人間がこれでは、「三逆リーダー」の烙印を押されてもやむをえません。

嬉々として教えまくる

私の「教えたがり」屋ぶりをさらに加速させたのが、今の職場の環境でした。

かつて私は、今とは分野の異なる繊維関連の会社で研究開発を担当しておりました。その会社の風土は、「技術は盗め」を地で行くようなところがあったのですが、その一方で「お前がこれだと思うテーマがあるのなら自分から提案してこい」というような自主性を重んじるところもあり、本来、人に縛られたり、あれこれ指示されるのも苦手な私にとっては、とてもよい環境だったのです。

しかし、自分の可能性をもっと広げたいという思いもあって、一〇年まえに思いきって新天地に飛び込んだのでした。それが今の職場です。

入社して驚いたことは、職場の風土が前の会社と一八〇度違っていたことです。なんて親切な会社なんだというのが最初の印象です。何でも教えてくれるし、何でも共有しましょうという雰囲気に満ち溢れているのです。

そんな社風ですから、ここにはない知識とスキルを持って外からやって来た私を、同僚たちは質問攻めにしてくるわけです。ふり返ってみると、元来の教えたがり屋の私は嬉々としてそれに応えていくうちに、ますますその度合を加速させていったという気がしています。

シンプルなのに、なんて深いんだ

仕事をする中で何となく感じ取っていた部分も多少はあったと思いますが、本当の意味で「三逆リーダー」という考えかたを知り、自分事として感じられるようになったのは、職場で定期的に参加している「組革研」での体験によるものです。

リコーでインク材料の開発を担う部署でグループリーダー（課長職）を務めている私は、デスクの前に「三逆リーダー」図（35ページ記載）を貼り付け、事あるごとにこれと対面するようにしています。

初めてこれを見たときは、「シンプルなのに、なんて深いんだ！」と感動したものです。とは言え、今もって自分のものにしたとは言い難いものがあります。書かれた言葉自体は平易で明解なのですが、その意味するところを考えれば考えるほど、あたかも禅問答の闇に落ちていくような感覚に襲われるのです。しかし、日々これを眺め、「三逆」をたえず意識することによって見えてくるものがありました。

「俺も三逆リーダーの一人に違いない」。

「悪いのは俺だったのか……」

「三逆リーダー」図は、A部下に嫌われない努力、B教える、指示をする、世話をやくの自動化、C部下の心を操作しようとする、という三つの要素から成り立っています。これを見て、すぐにピンと来たのがBでした。

「教えたがり」屋という性分もさることながら、その裏には実はもっと深い要因があると思い至ったのです。

部下について、私はこれまでずっと引っ掛かっていたことがあります。独創的な発想を持った部下が育たない。私が考える枠をぽーんと飛び越えていける部下がなかなか出てこないということです。

そんな部下が増えれば、私のグループはもちろんのこと、会社全体が活性化し、業績も上がるに違いない。さらに、スティーブ・ジョブズとまでは言わなくても、これまでの常識を飛び越えるような人が出てくれば、世界を変えるイノベーションを生み出すことだってありえる。しかし、いつまでたってもそういう人間が出てくる気配がないのです。

そんなある日、「三逆リーダー」図を眺めながら、はっとしました。

「俺が潰してるんじゃないのか？」。

つまり、部下に教えていたことが、部下たちの発想、枠を跳び越える潜在力を知らず知らずのうちに奪ってしまっていたのではないか、と思ったのです。

「悪いのは俺だったのか……」。「三逆リーダー」の一つが初めて腹に落ちた瞬間でした。

自分のコピーになるかもしれないが

そこからさらに考えをすすめていくと、Ｂは、自分の中でＣの「部下の心を操作しようとする」と深くリンクしていることに気づいたのです。

それまでよかれと思ってやってきたこと、即ち「教え、指示し、世話をやく」という行為の裏には、部下を自分の思いどおりに動かしたいという気持ちが働いていたのではないか、と気づいたのです。仕事の中身からやりかたまで必要以上に教え込もうとしている自分がいました。

もしそれが完璧にうまくいけば、たしかに部下は自分のコピー程度にはなるかもしれません。誰しも自分がもう一人いたら楽なのにと夢想した経験があると思いますが、私の本意はそこにあったということです。これでは部下たちから独創的な発想など生まれようもありません。

ここまでは自覚できたのですが、唯一感覚としてぴんとこなかったのがＡの

「部下に嫌われない努力」です。もちろん、こうした心理状態というのは理解はできます。私としては、嫌われたってかまわないという気持ちでやってきたつもりなので、どうもよくわからなかったのです。

例えば、これまで私は部下と接するとき、期待している人間に対してほど厳しい態度を取り、高いレベルの要求をしてきたつもりです。仮に及第点の成績を付けたとしても、なんでもっと上を目指さないんだ！　と本気で叱り飛ばしていたこともあります。部下が目先の数字を追いかけ、対策ばかりに頭を使っているのを見ると、どうしても許せない気持ちになったりもしました。

ただ、無意識のうちに「嫌われたくない」と思っていたかもしれません。それが自分ではなかなかわからないというのが実態なのです。

最後までやらせきる

先日、ある大先輩の「組革研」関係者と「三逆リーダー」について対話する機会を得ました。

さっそく私は先の疑問を口にしました。「この、『嫌われたくない努力』って部分だけが未だにわからないんですよ」。

すると先輩はおもむろに話し始めました。「この部分の言葉は表層で捉えてもなかなか腹に落ちないのでしょう。深みのある言葉だと思うんですよ」。その深みの部分を掴むヒントとして、先輩はこんな話をしてくれました。

「企業の現場では、嫌われたくないからと部下のご機嫌をとったりする上司はそれほど多くはないかもしれない。今はだめな部下の、首を斬るか育つようにとことん対峙していくのかの二者択一を迫られたとき、あなたはどうするか。後者を選ぶなら、それこそ嫌われようがパワハラと思われようが何だろうが、彼と正面から向き合ってやると決めた仕事を最後までやらせきる。その覚悟のあるなしこそがもっとも重要なことだと思うんです」。

これを聞いて、私はふっと楽になった気がしました。私の中にあったもやもやを先輩が言葉にしてくれた、という思いからです。嫌われたってかまわないと思うだけでは足りない。大事なことは、嫌われようが好かれようが、部下といかに本気で向き合うことができるかだ。先輩の話からそんな気づきをもらったような気がしました。

「対象」意識こそが「三逆」脱却のヒント

「三逆リーダーから脱却するために意識していることはありますか」。先輩から問われました。

「これが正しいと断言できるほどの自信はまだありませんが、けっきょくは『対象』ってことかと思うのですが」。「ほう、それは興味深い答ですね。もう少し詳しく説明してもらってもいいですか」。

私は以前から「三逆リーダー」と「対象」[*6]の概念には深い関連がある気がしていたのです。

例えば「教える」にしても、何もかも「教えない」のであれば、それはただの放任でしかありません。仕事の場では、教えたほうがいい場合もあります。それは仕事の中身やレベル、部下の状態にもよるでしょう。

リーダーは、部下に「対象」をきちんと捉えるということを常に意識させていることと、在りたいと思う姿、つまりビジョンを持つこと、この二つがなければなりません。

この二つが無いのに、やたらに教えたり、指示したり、偉そうにしたりするのが最悪なのですが、自分を含め、多くのリーダーたちがそうなってしまっているのです。

「対象」がわかれば、自然とやるべきことが見えてくるはずです。そうなれば教える必要もなくなります。だから、私は「対象」を意識させることこそが、「三逆」からの脱却の重要なヒントだと感じているのです。お前の仕事の「対象」はどうなっている？　お前がやろうとしていることの「対象」はいったいなんだ？

これだけは部下たちに問い続けています。

「三逆リーダー」症状ほど恐ろしいものはない

問答は続きます。

「対象を意識させるために、何かやられていることはありますか」。

この問いに対しては、私なりに試行錯誤を続けてきた話をしました。

教えたがり屋の自分が部下に対してしてきたことをふり返ると、「情報」ばかりを伝えてきたという反省があります。情報とは単なる言葉ですから、いくら語ったところで、部下を本気にさせることは難しい。それに気づいた私は、情報の提供よりも、「状況」の共有を強く意識するようにしました。例えばトラブルが起きたとき、情報ではなく状況、つまり事実ベースで議論すれば、自ずと「対象」の姿が明確になってきます。そうなればリーダーの私が余計な口を挟む必要もなくなると思うのです。

それ以外では、リーダーとして常に高みを目指すことの重要性も語りました。自分なりの方針は常に示しているつもりです。

事実を持ってこい、データはどうなってるんだ、憶測でものを言うな、状況で議論しろ、といったことをばかの一つ覚えのようにくり返しています。

そして、自分の「対象」を捉えてやるべきことが明確になった後は、何があろうと本人に最後までやりきらせる。これも肝に銘じています。部下たちには常日頃から、値切る、ずらす、諦めるの三つは許さないぞ、と厳しく言っています。

そのうえで、高すぎるくらいのヴィジョンを掲げていることも。よく言うのは、目先の利益や対策だけを追うな。俺たちは誰から見てもダントツの機能を生み出して、先回り技術で勝つんだ、と。

知らず知らずのうちに陥ってしまう「三逆リーダー」という症状ほど恐ろし

いものはありません。いっとき、脱却できたと思えても、ちょっとでも気を抜けば、いつの間にか元の木阿弥に戻っている。「三逆リーダー」であることのほうがずっと楽だからだと思うのです。

そこからの脱却とは「終わりのない旅」のようなものなのかもしれません。

3 マネジメント革新だけで生産性二五〇%

三井E&Sマシナリー 大分工場海外生産推進室長
辻 省悟

心臓が飛び出るのではないか

忘れもしない二〇一五年一一月二六日の朝八時過ぎ。工場建屋の前で朝の日課であるラジオ体操を終えたときのことです。風が強く、少し肌寒さは感じられましたが、それ以外はいつもと変わらぬ朝でした。

その時です。海沿いの屋外組立ヤードの方向から、バリバリっと凄まじい音が迫ってきました。尋常ではない衝撃音。全作業員たちの顔に驚きの色が走りました。

組立ヤードのほうに飛んで行きました。すると、恐ろしい光景が目に飛び込んできたのです。

ヤードに聳《そび》え立つ、高さ七〇メートルの超大型の運搬機が大きく傾いているのです。強風に煽られ、先端が小刻みに揺れている。下に目をやると、脚部が地面にめり込み、車輪部分が壊れて動かすことのできない状態。

完成した別の運搬機を船で出荷する際にぶつけてしまったのが原因でした。どきどきと鼓動が速まり、口から心臓が飛び出るのではないかと感じるほどだったのを、今でも忘れません。

呆然と立ちすくんではいられない。何よりも、作業員たちの安全を確保しなければ……。

私は大声で号令を発しました。

「ここから先は立入禁止とする。すぐにロープを張れ！」。

このまま放置しておけば確実に倒壊し、ヤード全体に甚大な被害が出てしまう。入社以来初めての非常事態でした。

即動いた〝勇者〟たち

当時の私は、同工場の工作課長を務めており、屋内外の工場全般の責任者でありました。

やるべきことは一つ、傾いた運搬機を倒壊させずにスクラップにして撤去すること。それはわかっているのですが、どうしてよいのかの見当が、まったくつきません。最善の策は……？

安易に動き出せば、作業員の命を奪いかねない、さらに重大事故を引き起こしかねない。悩みに悩みました。

私に課せられた命題は二つ。第一は、作業に当たる作業員の安全を守ること。第二は、運搬機の倒壊を防いで速やかに撤去してスクラップ化すること。マニュアルのないまったくの想定外の作業です。私のちょっとした判断ミスが大きな事故に繋がりかねない。

パニックになりつつある心をなんとか鎮めながら、私は、青空に向かって傾きながら聳え立つ超大型の運搬機を今一度、じっくりと見つめました。

すぐに対策会議が開かれました。

傾いた運搬機の逆側に重りを付けて倒壊を防ぎつつ、撤去していく。これしかない……。

設計部の計算では、バランスを保たせるためにはおよそ一〇〇トンの重りが必要ということがわかりました。それを傾いている運搬機に吊るし、安定した段階で運搬機そのものを海からフローティング・クレーンで吊り上げ、そして少しずつ解体していく、という作業の流れがようやく見えてきました。とは言え、実際の作業でこれを安全に行うには相当な困難が予想されます。しかも待った無し。

悩んでいる私のもとに、一〇人くらいの部下たちが集まってきました。これからの新しい工場へ改革したいと定期的に「組革研」に派遣していたあの彼ら、現場の作業長とその下の班長たちです。

みんな居ても立ってもいられない様子。どの顔にも緊張の色が走っている。だが、その眼は光っている。

ふと、東日本大震災で福島原発が爆発したときの消防隊員の姿を思い出しました。危険を承知で原発のすぐ傍で放水作業を続けたあの決死の姿です。

「まずは一〇〇トンの重りを付けて、クレーンを安定させたい」。私が示した方針はこれだけでした。

即〝勇者たち〟が動き出してくれました。

一カ月の工程を一週間で完遂

計算結果によれば、あと三度傾いたら倒壊していたことになります。その日は強い風が吹き続けていたので、いつどうなるかわからない。まさに時間との闘いでした。

「すぐに作業に取り掛かろう」と作業長を束ねる主任の声。

一〇〇トンの重りを付けるという大方針は決まったものの、それをどう取り付けるかが問題。さらに、運搬機を吊り上げるフックのような仕掛け部品が必要だが、そもそもこのような事態は想定されていないので、そのようなものはありません。一から作らなければならない。

屋外とは別に、屋内では二つの作業場に分かれ、競うようにそのための部品の製造が始まりました。

作業は恐るべきスピードですすんでいきます。まさに突貫工事。もちろん土、日も。

撤去の日は雲一つない快晴、前日とは打って変わって海風も止む。ぎりぎりのところで天が味方をしてくれた思いでした。

作業は順調にすすみ、日が暮れるまえには、ピサの斜塔のように傾いた運搬機を、完全に安定させることができました。

「お疲れさま、みんな、本当によくやってくれた。心から『ありがとう』と言いたい」。

通常だったら少なくとも一カ月はかかるだろう作業を、わずか実質一週間でやり遂げてしまったのです。部下たちの本気がそうさせたとしか言いようがありません。

部下たちの顔のなんと晴れやかなことか。思わず目頭が熱くなりました。そして、思いました。

「俺にはなんてすごい部下たちがいるんだ」。

「三逆」からの脱却への目から鱗

後日、「組革研」の関係者にこの出来事の顛末をお話する機会がありました。するとこう言われたのです。

「そのお話を『三逆リーダー』という視点で見ると、非常に興味深いものがありますね」。

そう言われたものの、すぐにはぴんときませんでした。私はあの時、一刻を争う緊急事態の中、ただ必死に考え、動いていただけで、リーダーにとって何が大切なのかとか、マネジメントはどうあるべきか、などと考える猶予など一寸もありませんでした。

その方はさらにこう問うてきました。

「あの時なぜ、通常なら一カ月はかかる作業をたったの数日間で首尾よく完遂し、危機から脱することができたのでしょうか？」。

私ははっとしました。そしてこう答えました。

「難しい理くつは今もよくわかりませんが、一つだけ言えることは、『状況』がそうさせたということです」。

「なるほど。『三逆』からの脱却のヒントがその『状況』という言葉にありそうですね」。

その方によれば、この話の中には「三逆」がどこにも無いと言うのです。

「教える、指示する、世話をやく」もなければ、「部下に嫌われない努力」などもちろんない。ましてや「部下の心を操作する」なんてことは一切無い。

私も「組革研」の場で「三逆リーダー」の概念は聞いていましたし、頭では理解しているつもりでしたが、あの緊急事態をそれと結び付けて考えてみたことなどありませんでした。

今、改めてあの出来事の過程を「三逆」の視点から考えてみると、次のようなことがわかってまいります。

Aの「部下に嫌われない努力」——嫌われようが好かれようが、関係ない。誰もが一丸となって目のまえの事態を収めることしか考えていないのですから。

そういうわけでAは消えます。

Bの「教える、指示する、世話をやく」——私のトップダウンは「運搬機に一〇〇トンの重りを付けて安定させる」という大方針だけであって、それを実現するための具体的な作業については作業長と班長が中心となり、彼らが自分たちの頭で考え、実行していったのです。

Bも消えます。

Cの「部下の心を操作しようとする」——これまたそんな暇はありません。安全に最大注力しつつも、とにかく「やる」しかない、「やらせきる」しかない状況の中にあって、そんなことが入り込む余地など、どこにもありません。

Cも消えてしまいます。

ABCの総てが、跡形もなく消え、そして強大な部下の力が現れたのです。

このことに気づいたときは、そういうことかと深く頷くしかありませんでした。目から鱗とは、まさにこのことです。

しかしこれは、あくまで非常事態という「状況」がそうさせただけであって、日々の仕事の中でこれができるかといえば、そう簡単な話ではありません。ただ、この出来事の中に、「三逆リーダー」からの脱却によって部下の力を引き出すための大きなヒントがあることは間違いありません。

「リードタイム短縮」を合言葉に

先の話には、もう一つ大切なことがあるようです。

あの大事故を乗りきることができたのは、「状況」がそうさせたというのは確かですが、それだけではなかったと思うのです。それに負けず劣らずのものがあったのです。

どういうことかと言えば、日頃の業務の中で、個々の従業員たちが自分勝手でチームワークの取れていないようなだめな職場だったら、あのような素晴らしい状態にはならなかったのではないか、ということです。部下たちがあのように自ら動き、最後までやりきることができたのには、そうさせうる土台があったのだ、ということです。

私がここ大分工場で課長となり、工場屋内外の統括的立場についたのは、あの運搬機事故の六年まえの二〇〇九年のことでした。

当時から超大型運搬機専門の工場でしたが、年に七～八台を製造できればいいほうで、人件費などのコスト超過の状態が慢性化していた工場でした。したがって私の使命は、人員を増やさずに効率化をはかって増産を達成し、黒字にするという工場革新です。

しかし、それがいかに大変なことであるかは、工場内の様子を見れば一目瞭然であったのです。

生産ラインの通路上には物が溢れ、至るところは鉄くずなどの塵だらけ。仕掛品などの置き場にも法則性がなく、整理整頓どころではありません。現場には作業終了の目標日時などが貼り出されたりしてはいましたが、次の作業工程との連携などは一切考えられておらず、てんでんばらばらに作業している状態でした。仮に一つの工程が予定よりも早く終わったとしても、次工程ではまだ前の作業が続いており、全体としては何の時短にもならない。

私は、各作業場の作業長、班長を集め、一つだけ方針を掲げました。

「工場全体としての時数短縮を何としてもやってください。『リードタイム短縮』が合言葉です」。

増員も投資もなく、八台→二〇台へ

私の号令下ではじまった工場革新ですが、もちろん事は容易にはすすみませんでした。五〇歳台以上のベテラン層と若年層が厚く、中堅層がきわめて薄いという歪《いびつ》な人員構成もあって、一部のベテラン作業長クラスが圧倒的な存在感を示していたのです。なんとかしたくても、次世代のリーダーになりうる四〇代の人員がいない。

これには頭を痛めましたが、私はある大きな決断を下したのです。それは、五〇歳台以上の班長を、総て若手にすげ替えるというものでした。中堅層はいないので、新しく班長になった者の大半は、知識も経験もまだまだの三〇～二〇歳台の若手たちです。

もちろん大きな不安はありました。作業という面から見れば、ベテランたちのほうがはるかに熟練度は高く、その点では安心して任せていられたからです。しかし、私の狙いは、工場全体のボトムアップの体質化です。それは、班長たちが能動的に連携し、工夫して、努力していかなければとうてい無理な話でした。

そのために私がしたことは、二つだけです。一つは、班長を若手に一新するという「状況」づくり。もう一つが「組革研」への派遣です。

いくら肩書をリーダーにしたところで、経験のない若ものには変わりがない。かと言って、仕事はたえず動いているわけで、悠長に現場の中で育てていくという時間もない。そこで私が頼ったのが「組革研」でした。

「組革研」で行われる「人・仕事関係」の体験は、日々の仕事をぎゅっと凝縮させたような非常に濃密なものです。ここで、「対象」の概念や「やりきる、やらせきらせる」ことの大切さを学ぶことで、即実戦で闘える人間になってほしい。そう思って、実際の仕事の予定をやり繰りしながら、定期的に派遣することにしたのです。

自分たちで、今おかれた「状況」を把握し、それと向き合い、解決策を見出していく。それなくして、本ものの革新など叶うわけがない。そんな信念から、若手リーダーたちに対して、私は極力「指示」しないように心がけました。大きな方針だけは、事あるごとに伝えていきました。「リードタイム短縮だ。今の状態でそれができるか！」。

私は、本気で彼らに訴えかけました。

本気は必ず相手に伝わります。逆に言えば、少しでもいい加減な気持ちがこちら側にあれば見透かされ、人の心は動きません。

大方針を懸命になって伝え、それをやらせきる。そのために部下たちを追い込みました。それは同時に、自分を追い込むことでもありました。そうでなければ、部下はついてきません。

そして二〇一三年、超大型運搬機の生産を年間八台から二〇台へと押し上げることに成功したのです。人員はそれまでのまま、新たな投資も無く、です。

こうした過程こそが、あの日の非常事態を乗りきることができた原動力になったことは間違いありません。

今の自分が「三逆リーダー」から脱け出せているかどうかは、実はよくわかってはおりません。ただ毎日、本気で、部下と真正面から向き合うことだけは忘れません。

4　脱却の途に就いたリーダー二〇人による成果のワンポイント

この「脱『三逆リーダー』」の途に就いた企業内リーダー二〇人による成果のワンポイントは、電話でのインタビューの抄録である。

□

マツダ
第一ドライブトレイン開発グループマネージャー　丸末敏久

ターゲットだけ示し、手段は部下に考えさせる。手助けは止め、どうしたらよいか相談があってもまずは自分で考えさせてきた。

部下たちにとっては苦しかったらしく、当初は反発もあった。それでも、自分で考えることに慣れて、それが当りまえの職場になってきつつある。

問題に直面することで仕事が自分事になり、大変だけど何としてもやり遂げるようになってきている。自分たちで考え抜き、一人ひとりが周囲を巻き込みながら個の力で技術を積み上げている。

私が知らないことを、部下が知っていて、ああそんなこともできるんだと感心することがある。組織としての技術力が上がっている。

キリンビール 関東甲信越統括本部群馬支社
支社長　小林直人

以前は、言われたことをやるだけ、ミーティングは上司が開催するものという職場の雰囲気だった。

今「新しいビール文化」をつくるという大きな方針が出されている。方針に沿って、私が指示しなくてもメンバーどうしで情報の共有や支社全体の進捗を確認し、自分たちで考えてすすめるということができ始めている。

住友ゴム工業 白河工場
製造第四課長　元上文信

一番変わったと目に付くことは、現場で何が起こっているかを自分の目で見にいくようになったことです。そして、こちらから根掘り葉掘り聞くまえに、「こういうことが起こっているので、打ち手としてこういうことを考えている」というような深掘りした報告、さらにその確証を得るためのテストをしたいという提案をしてくるようになってきたことです。

日本通運 鳥取支店
物流センター事業所所長　河上泰昭

自分からは大きな目標を示すだけで、あとは一人ひとりが自分の持ち場で、自分の仕事を通じて、目標を達成するために何をしなければならないかを考えて実行し、確実に目標を達成している。

私自身は倉庫業務を知らなかったので、指示は一切出さず、赤字であることを示し、職場を細分化し、それぞれの業績を見える化した。頑張れば頑張っただけ、数字に現れてくる。

部下たちは状況に応じて営業に出ていく。配車もその都度どうやったら効率的に物を運べるかを考える。現場の作業者も、どうやったら効率的に倉庫に収められるかを考える。全員が自分の持ち場でどうやれば収益が上がるのかを考えて工夫を続けている。

一〇年以上赤字だった倉庫部門が不思議なことに一年くらいで黒字になり、黒字が続いている。

マツダ
車両実研部アシスタントマネージャー　中本尊元

口出しを止めた当初は、「どうしてなんですか」と不満そうな部下もいた。

以前なら、「まあそう言わずに」と懐柔したところだが、今は「それは違うよ。あなたもプロなら期待される役目を果たして」と突き放している。

しばらくすると、「こういうことではないですか」と私が思ってもいなかった案を持ってきた部下が現れ、驚かされました。自分で仕事をすすめるようになっただけでなく、社内関係部署や原料メーカーとの調整も、以前なら私を頼っていたのに、今は自分でどんどんすすめています。みんな以前よりも深い考察ができるようになり、技術力はたしかに上がっていると思います。

まだまだいけると思っています。もっとレベルの高いタスクを彼らに与えなければと思っています。

横浜ゴム 平塚製造所
タイヤ直需技術部部長　斉藤英司

世話やきを止めたら、いっ時は返ってくるものが目減りしたが、時間、機会が増えるにつれて以前よりも増えてきた。指示を出していたときは、五聞けば五しか返ってこなかったが、今ではそれが六、七になって返ってくる。部下がいろいろと考えているからだろうなあと思っている。

部下から提出された資料を見て、ああそこまで見てるのか、このレポートはこんなふうになるのかという印象を受けている。

三菱重工業　パワードメイン原子力事業部
品質保証部原子力サービス品質管理課主席技師　木下智博

「組革研」に「リーダー参加」した後、私は部下たちには目的を正しく把握しておれば手段は自由と伝え、口出しはできるだけしないようにしてきました。

彼らが仕事をやりきった時には「ありがとう」と感謝の意を表し、一方でやりきっていなかったり手抜きを感じたときには、「それでいいのか」、「君は納得しているのか」と強く問いかけ続けてきました。

内部監査の受審準備を始めた部下から、事前に内容確認してほしいと頼まれ、内容を聞くと一生懸命考えたことがわかります。集めた資料から導き出した自分なりの考えがしっかりと入っているのです。さまざまな視点からの質問にも明解な答えが返ってきます。監査を受ける当日、私は不在でしたがなんの問題もありませんでした。

監査終了後、例年であれば使用したドキュメントをファイルして終わりです。ところが彼は、「これまでの説明の経緯のまとめ」「用意したエビデンス」など、今年の結果が来年の監査に生かせるようなまとめまでしてくれたのです。そこまで求めていなかった私は、思わず「お前すごいな」と言ってしまいました。

キリングループロジスティクス 九州支社
営業部部長　川上勉

今では、まず部下が企画とか叩き台を作って、上げてきます。以前はこちらが叩き台を作って投げていました。

私たち物流関係は、昨今の運転手不足など、今までと比べものにならない厳しい状況です。

しかし部下は、取引先のリストアップから訪問計画の立案までやって、それを確実につぶしていくということをしてくれています。自分たちで考えて動くようになってきました。

三井E&S造船
艦船設計部船装設計課主管　小丸真一郎

しばらくすると彼らは、年間に取り組んでいる仕事を個人ベースまで落とし込み、改めて一人ひとりがやりきる目標を立てていきました。

さらにその後はグループ長が中心になって、遅れが出てきたプロジェクトには、他から応援を出したりスケジュールを細かく見直したりして、一人ひとりが全体状況を意識するようになりました。

その変化は、他のプロジェクトの中身にも拡がっていきました。自分の担当以外のプロジェクトに対しても考えをぶつけていくようになったのです。彼らを動かしているのはグループ全体の目標達成という思いです。

やらねばいけないのにできていないことをお互いが指摘し合い、同世代どうしが結果を競い合っていくなど、これまでには見られなかった状態が生まれてきました。

日本たばこ産業 東関東支社
環境推進室室長　江井康胤

どこに向かっているのか、「対象」のために何をしようとしているのかを意識させ続け、「無理だ、厳しい、やりたくない」は言わせなかった。

部下たちの動きは生き生きしたものになり、目標利益を上回る成果を出した。

特にトライしたメンバーの成果は顕著に出た。仕事と向き合ううえで、自分がどうしたいのかが一番大事だということに気づいてくれたことが一番大きい。

マツダ
衝突性能開発部主幹　豊原和也

以前は全体の戦略を考えてすすめるというような仕事は彼らには難しいので、自分ですすめていた。

彼らにこれを任せてみたところ、なかなかいい感じにまとめてくれた。これが日常の仕事にも繋がって、より広い視野ですすめるようになってきました。

マツダE&T
車載設計グループ主任　森 大輔

開発という仕事の性格上、どれくらいの効果があったかということをバシッと出すことは難しいが、行動面では明らかに変わってきている。開発では自分で課題を見つけ出して解決しないといけないが、以前はこれをリーダー主導で行っていた。今は、メンバーたちが自分で課題を見つけてこれに取り組むようになっている。

三井E&S造船 製造本部玉野艦船工場
艦船建造部外業・塗装課課長補佐　岡田直洋

過去には引き継ぎ期間を一〜二年取ってもうまく引き継ぎができなかった。一から十まで、まるで私のクローンを作るかのように、メール一本から仕事の内容を説明していた。それを、資料を渡して最低限の説明だけにしたら、部下が自分で調べて仕事を覚え、半年で完璧な引き継ぎができてしまった。

また以前は、問題が発生すれば私がみんなを集めて会議を開いたりしていたのが、今は部下が自ら会議を招集したり、関係部署と話をしたりするようになっている。

NSK富山
生産計画部部長　渋谷 充

組革研から戻り、「指示はしない」と宣言し、相談に来ても、自分の考えを持ってこなければ「君はどう考えるのか」と聞いて受け付けなかった。

以前は、何かあれば「どうしましょうか」と部下はすぐ答を聞きにきたが、相談にくるときには必ず自分なりの考えを持ってくるようになり、自分たちで判断できることはいちいち私に聞くこともなくすすめるようになってきている。

ブリヂストンサイクル
ソリューション戦略部マス・リテール営業課課長　岡田哲也

指示を止めたら、どんどん自分から聞いてすすめる人と、より動きが鈍くなっている人に分かれてしまいました。

自分からすすめているメンバーは、クレームなどで以前なら上司に聞いて済ませていたことを設計部署へ行って担当者に詳しく話を聞くようになり、一気に知識も増えました。またそれをメンバーどうしで教え合ったりして解決するようにもなってきています。動きがまだ鈍いメンバーにどうするかを悩んでいます。

三井造船特機エンジニアリング
設計事業部産業機械課回転機グループ課長補佐　松山則昭

でき上がったものに不具合があっても、以前なら受け取って私が修正していたが、だめなものは突き返して自分で最後までやらせるようにした。

現在は自分で過去の図面、資料などを調べて、自分なりの結論を出してから相談にくるようになった。また、自分の図面に対してやりっぱなしでなく、責任感も少しずつ持つようになってきている。

旭化成ファーマ 医薬生産センター
医薬生産管理部製剤技術グループ　小島 淳

以前は単純に「どうしますか」だったのが、自分の考えを持ってくるようになりました。

今は、最終納期だけを伝えてあとは全部任せているという状態になっています。資材を発注するタイミングも、部下が判断してます。

それでなんの問題もなくすすんでいます。

キリングループロジスティクス 西日本支社京滋支店
物流管理部部長補佐　加藤康仁

以前は現場でトラブルがあっても、その対応はリーダーの仕事と考えているのか、部下たちはその状況を私に報告するとそれで終わり。あとは私にお任せでした。

現在は、まず自分たちが直接現場に行って何が起きたのかをよく見て、委託元の工場とも話をしてどうしようかを考えたうえで、私に報告にくるようになってきました。

富士フイルム静岡
X―ray材料生産部第二加工課第二係係長　菅原康徳

「組革研」で、これでは部下は、自分で考えることを止めてしまうということを知った。

そのとおり動いてみると、人の動きが変わってくるということを実感した。一人ひとりが自分の仕事の幅を拡げて取り組んでくれ、全く問題はない。

今では、私の出番はほとんどない。

リコーＣＩＰ開発本部機能材料開発センター
第二開発室室長　安永英明

特別なお金がかかるときに相談があるくらいで、あとは全面的に自分たちで仕事をしています。報告もきちんとあります。

その部下の一人に今年配属された新人の育成を任せたところ、指示も世話やきもせず技術課題に取り組ませました。

新人が取り組んだ課題は、過去に二人の先輩が「この装置は使えない」という結論を出していたのですが、それを覆して「この装置は使える」という結果を出しました。大きな成果なので、本部で一〇〇〇人ほどの前で発表することになりました。

今までの自分には、新人は何も知らないし、何もできないという思い込みがあったのですが、これを完全にひっくり返されてしまいました。

直属部下へのマネジメントが、その下にも繋がっていくことに驚いています。

5 脱却の途に就いたリーダー七三三人に対するアンケート調査の結果

この調査は、私が「脱『三逆リーダー』」を企業人にアピールし始めてから一三カ月後の二〇一八年一月から三月にかけて行われたものである。

次ページの図は、「三逆リーダー」を意識した企業内リーダー七三三人によるその結果である。

一時的とは言え「部下の力が下がった」が一一パーセントとあるが、さもありなんと思わずにはいられない。今日のこの社会には、ロボット症の重症者、即ち総ては、教えられないと、説明されないと、指示されないと、世話をやかれないと動けない、いやそれどころか、そうされないことに不満を抱く人が少なくないからである。

「組革研」参加者のうち、「デイリーメール」*19
の対象者4,989人にたずねた

「三逆リーダー」の概念をご承知でしたか

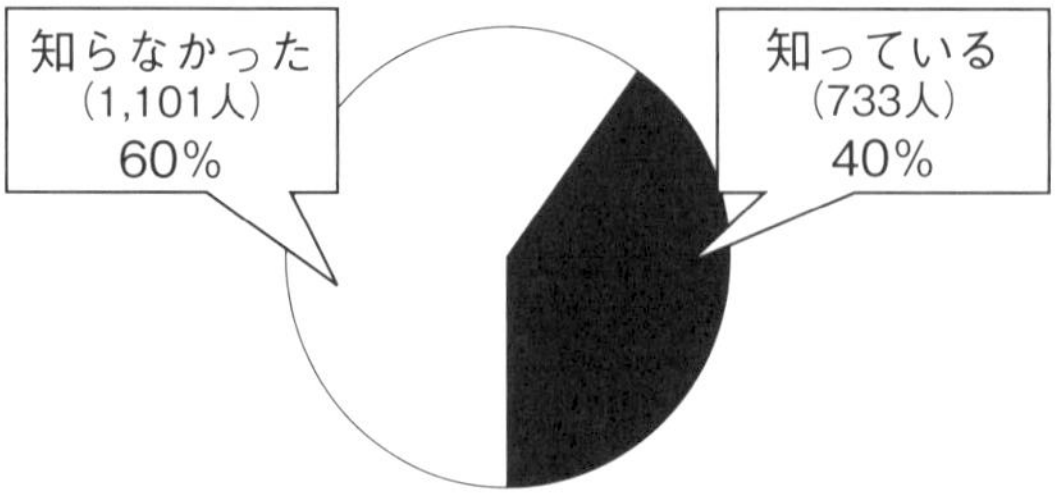

「知っている」と回答した方にたずねた

「三逆リーダー」から脱却しようとしていますか

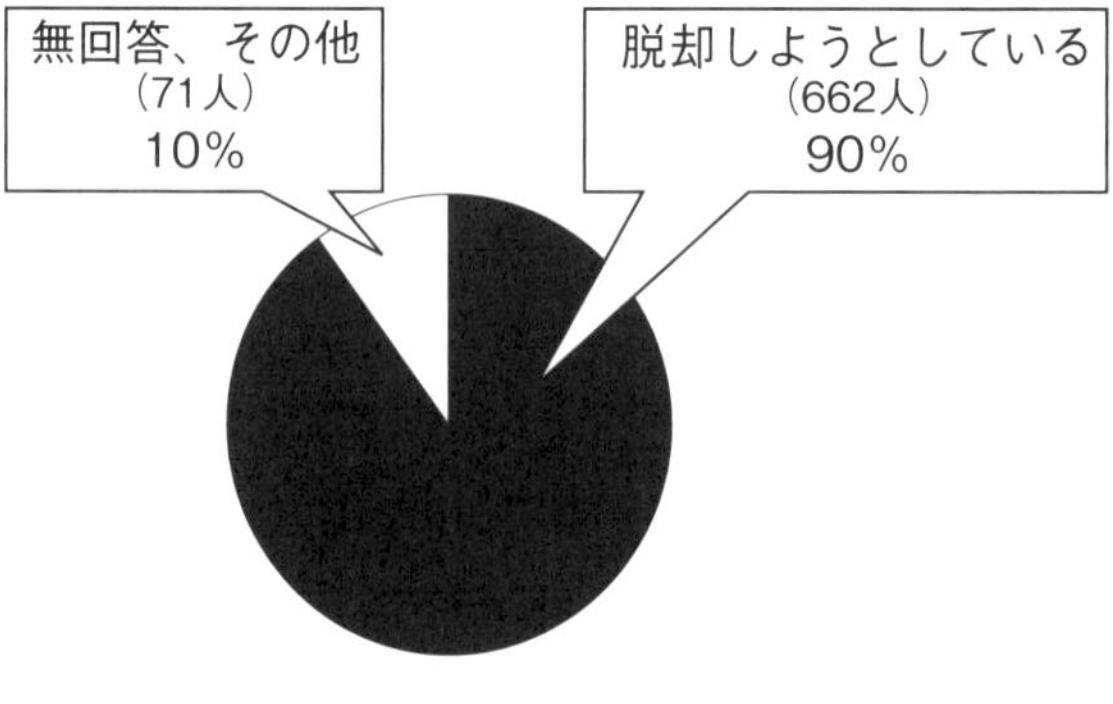

「脱却しようとしている」と回答した方にたずねた

「三逆リーダー」から脱却しつつあることで、
部下の「仕事力」は変わりましたか

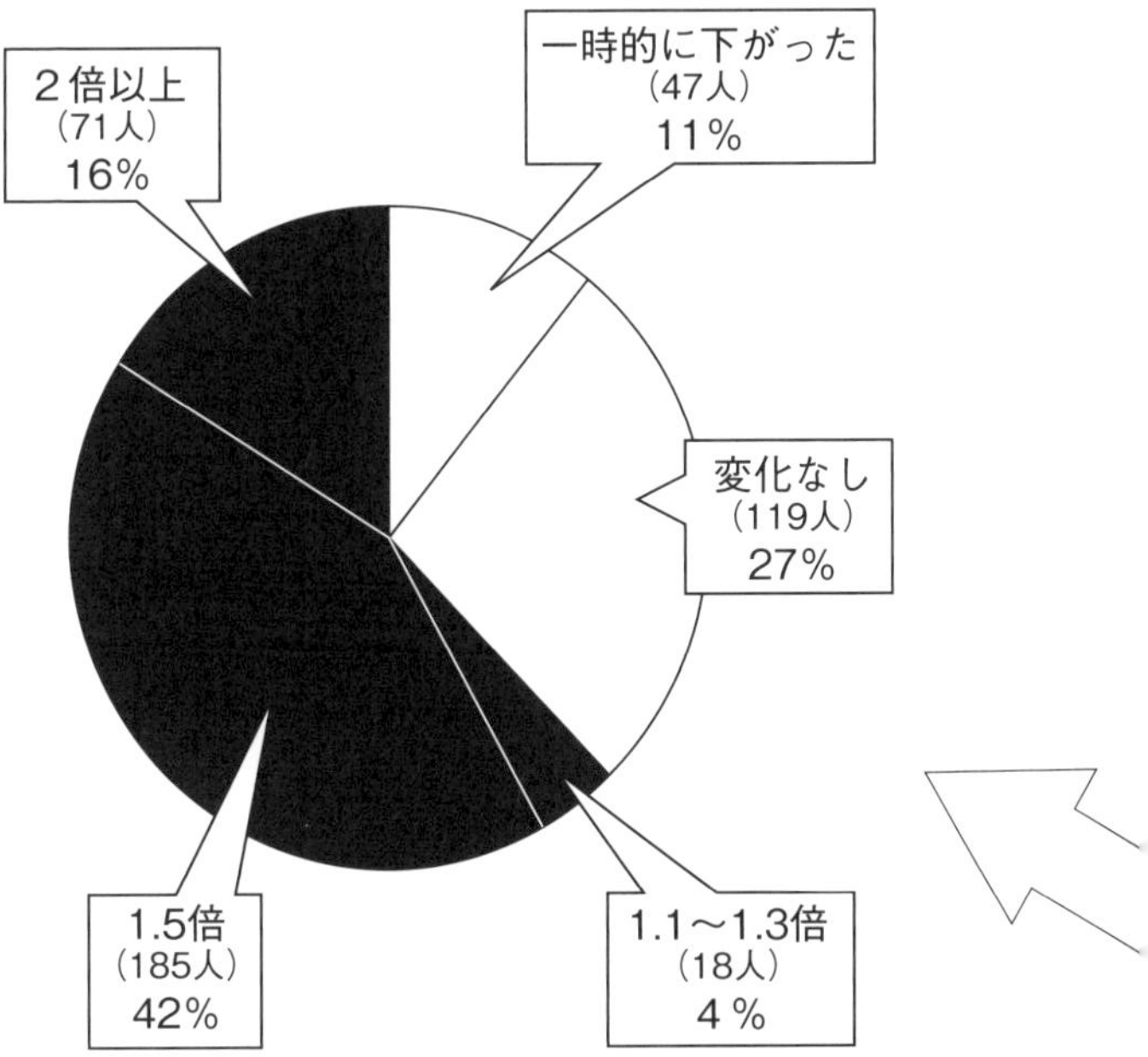

注記

＊1「人・仕事関係」　著者が一九八二年に創唱した概念である。
「人間関係」とは人と人との係わりかたを指す。それに対して、「人・仕事関係」とは人と仕事との係わりかたを指している。

それには、大別して正反対の二種がある。人間が仕事の「主」となっている係わりかたと、人間が仕事の「道具」と化している係わりかたである。

この見かたは未だ一般には意識化されていないが、この両者の実態は企業の中で歴然としている。

『「状況」が人を動かす』（毎日新聞社刊）、『人を人として』（ＰＨＰ研究所刊）、『人間力をフリーズさせているものの正体』（シンポジオン刊）に詳しい。

＊2「人間力」　＊1と時を同じくして著者が創唱した概念である。
＊1記載の著作に詳しい。

＊3「仕事力」 ＊1と時を同じくして著者が創唱した概念である。

仕事力 ＝ 脳力（頭の機能） × その気（思い 主体性） × 意識（見かた 考えかた） ＋ 知識（ノウハウ 手法）

＊4「人を人として」 ＊1記載の著作に詳しい。

＊5「人を道具として」 ＊1記載の著作に詳しい。

＊6「対象」 この言葉を知らぬ人はいないであろう。だが、その概念をはっきりと意識して持っている人となると、ゼロに近い。

『人間力をフリーズさせているものの正体』（シンポジオン刊）、『個全システムによるミーティング革新』（ダイヤモンド社刊）に詳しい。

＊7「ロボット症」 Lewis Yablonsky『Robopaths』（The Bobbs-Merrill Co.,Inc.） 北川隆吉・樋口祐子訳『ロボット症人間』（法政大学出版局刊）に詳しい。

＊8「社会的距離」　個人と個人、個人と集団、集団と集団の間における親疎の程度を表現する概念。

＊9「チームリーダー」　組織革新研究会の参加には二種がある。「メンバー参加」と「リーダー参加」である。

「人間力」再生の原体験を志向する人は前者、「人間力」を引き出すマネジメントの実体験を目指す人は後者である。

＊10『テレビ朝日／サンデーフロントライン』（二〇一一年九月二五日）

＊11『テレビ朝日／サンデーフロントライン』（二〇一一年九月二五日）

＊12『朝日新聞・夕刊』（二〇一一年一〇月一五日）

＊13『朝日新聞・夕刊』（一九九六年四月一五日）

＊14「**知識抗体**」　あたかも予防接種のごときであって、言語というありあり性を失なった形に弱体化された知識という〝抗原〟が、頭に入って間もなく〝抗体〟と化し、その後に本格的に入ってくるであろう知識に対して免疫的作用をしてしまうこと。

＊15『朝日新聞・夕刊』（一九九五年一〇月六日）

＊16「**道具力**」　＊1記載の著作に詳しい。

＊17『日本経済新聞』（二〇〇三年九月九日）

＊18『テレビ朝日／ワイドスクランブル』（二〇一二年五月二三日）

＊19「組革研」を体験した企業人が職場に戻ってから、改革に向けて一歩踏み出した内容を紹介している。月曜～金曜の毎朝、ネットで配信されている。

[著者]

藤田英夫（ふじた・ひでお）

1933年、東京に生まれる。

組織革新研究会キャンパスリーダー。

大中企業の「人と組織」の変革・「人間力」再生の研究と実践にあたっている。

著作／『「状況」が人を動かす』（毎日新聞社）、『人を人として』（PHP研究所）、『人間力』（NTT出版）、『人間力をフリーズさせているものの正体』（シンポジオン）、『「個全システム」によるミーティング革新』（ダイヤモンド社）。

脱「三逆リーダー」

2018年7月4日　第1刷発行

著　者——藤田英夫
発行所——ダイヤモンド社
〒150-8409　東京都渋谷区神宮前6-12-17
http://www.diamond.co.jp/
電話／03·5778·7235（編集）　03·5778·7240（販売）
装丁/本文デザイン—斉藤よしのぶ
編集協力——安藤柾樹（クロスロード）
製作進行——ダイヤモンド・グラフィック社
DTP ———インタラクティブ
印刷————八光印刷（本文）、慶昌堂印刷（カバー）
製本————本間製本
担当————小出康成

ISBN 978-4-478-10590-0